大连海事大学校企共建特色教材
大连海事大学-海丰国际教材建设基金资助

船 艺 训 练

（第2版）

主编 / 谷春国　张克家　邹熙康
主审 / 杜林海

大连海事大学出版社
DALIAN MARITIME UNIVERSITY PRESS

图书在版编目(CIP)数据

船艺训练／谷春国,张克家,邹熙康主编. — 2 版.

大连：大连海事大学出版社，2024.12. — ISBN 978-7-
5632-4648-9

Ⅰ. U676.2

中国国家版本馆 CIP 数据核字第 2024L835K1 号

大连海事大学出版社出版

地址:大连市黄浦路523号　邮编:116026　电话:0411-84729665(营销部)　84729480(总编室)

http://press.dlmu.edu.cn　E-mail:dmupress@dlmu.edu.cn

沈阳市建斌印务有限公司印装　　　　　　大连海事大学出版社发行

2019 年 8 月第 1 版　　　2024 年 12 月第 2 版　　2024 年 12 月第 1 次印刷

幅面尺寸:184 mm×260 mm　　　　　　　　　　印张:9.25

字数:226 千　　　　　　　　　　　　　　　　印数:1~2000 册

出版人:刘明凯

责任编辑:陈青丽　　　　　　　　　　　　　责任校对:史云霞

封面设计:解瑶瑶　　　　　　　　　　　　　版式设计:解瑶瑶

ISBN 978-7-5632-4648-9　　　定价:23.00 元

总前言

  航运业是经济社会发展的重要基础产业,在维护国家海洋权益和经济安全、推动对外贸易发展、促进产业转型升级等方面具有重要作用,对我国建设交通强国、海洋强国具有重要意义。大连海事大学作为交通运输部所属的全国重点大学、国家"双一流"建设高校,多年来为我国乃至国际航运业培养了大批高素质航运人才,对航运业的发展起到了重要作用。

  进入新时代以来,党中央、国务院及教育主管部门对高等教育的人才培养体系提出了更高要求,对教材工作尤为重视。根据要求,学校大力开展了新工科、新文科等建设及产教融合、科教融合等改革。在教材建设方面,学校修订了教材管理相关制度,建立了校企共建本科教材机制,大力推进校企共建教材工作。其中,航运特色专业的核心课程教材是校企共建的重点,涉及交通运输、海洋工程、物流管理、经济金融、法律等领域。

  2021 年以来,大连海事大学与海丰国际控股有限公司签订了校企共建教材协议,共同成立了"大连海事大学校企共建特色教材编委会"(简称"编委会"),负责指导、协调校企共建教材相关工作,着力建成一批政治方向正确、满足教学需要、质量水平优秀、航运特色突出、符合国家经济社会发展需求和行业需求的高水平专业核心课程教材。编委会成员主要由大连海事大学校领导和相关领域专家、海丰国际控股有限公司领导和相关行业专家组成。

  校企共建特色教材的编写人员经学校二级单位推荐、学校严格审查后确定,均具有丰富的教育教学和教材编写经验,确保了教材的科学性、适用性。公司推荐具有丰富实践经验的行业专家参与共建教材的策划、编写,确保了教材的实践性、前沿性。学校的院、校两级教材工作委员会、党委常委会通过个人审读与会议评审相结合、校内专家与校外专家相结合等不同形式对教材内容进行学术审查和政治审查,确保了教材的学术水平和政治方向。

  在校企共建特色教材的编写与出版过程中,海丰国际控股有限公司还向学校提供了经费资助,在此表示感谢。大连海事大学出版社对教材校审、排版等提供了专业的指导与服务,在此表示感谢。同时,感谢各方领导、专家和同仁的大力支持和热情帮助。

  校企共建特色教材的编写是一项繁重而复杂的工作,鉴于时间、人力等方面的因素,教材内容难免有不妥之处,希望专家不吝指正。同时,希望更多的航运企事业单位、专家学者能参与到此项工作中来,为我国培养高素质航运人才建言献策。

大连海事大学校企共建特色教材编委会

2022 年 12 月 6 日

第 2 版前言

海上运输是交通运输的重要组成部分,在促进外贸运输发展和推动对外贸易增长等方面发挥着重要作用。大连海事大学作为我国重点航海类专业院校,多年来为我国及国际海上运输业培养了大批航海类人才,而航海训练与工程实践中心在培养学生的动手实践能力方面发挥了重要作用。

"船艺训练"课程是为航海技术专业本科生开设的一门专业实践课,其目的是使学生掌握船舶安全作业的基本知识和技能,增强学生的动手实践能力,为其以后在船上工作打下扎实的基础。为此,大连海事大学航海训练与工程实践中心组织相关教学人员编写了《船艺训练》这本书。

本书知识点涵盖了"船艺训练"课程的所有环节,具有权威、准确、系统、实用的特点,满足STCW公约马尼拉修正案、《海船船员培训大纲(2021版)》的要求,可作为航海技术专业本科生"船艺训练"课程的教材,亦可作为工具书供船上工作人员参考使用。

本次修订,编者以近几年教学内容的更新知识点为重点,对第一版教材做了大量的修改,增删了不少内容。为了加深学员对书中知识点的理解和掌握,对重点内容还增加了立体化资源,以方便学生更加直观形象地对相应知识点进行学习。学员可通过手机扫描书中对应位置的二维码获取这些资源。

本书由谷春国、张克家、邹熙康主编,杜林海主审。全书分为四章,其中,第一章和第二章主要由谷春国、张克家编写,第三章主要由邹熙康、陈千荣编写,第四章主要由邹熙康、金奎光编写。参加本书编写的还有代俊林、李振宝、曹铮、徐薪喆、戚发勇、李跃、李占钊等。全书最后由张克家汇总、修订、统稿。

本书是在总结了大连海事大学航海训练与工程实践中心相关教学人员多年教学经验的基础上编写的,由于编写时间仓促,其中或有不尽完善之处,恳请广大读者批评指正,提出宝贵意见。

谨对在本书的编写和出版过程中给予大力支持和帮助的各位领导、专家表示真诚的谢意。

编 者
2024 年 6 月

第 1 版前言

海上运输是交通运输的重要组成部分,在促进外贸运输发展和推动对外贸易增长等方面发挥着重要作用。大连海事大学作为我国重点航海类专业院校,多年来为我国及国际海上运输业培养了大批航海类人才,而航海训练与工程实践中心在培养学生的动手实践能力方面发挥了重要作用。

"船艺训练"课程是为航海技术专业本科生开设的一门专业实践课,其目的是使学生掌握船舶安全作业的基本知识和技能,增强学生的动手实践能力,为其以后在船上工作打下扎实的基础。为此,大连海事大学航海训练与工程实践中心组织相关教学人员编写了《船艺训练》这本书。

本书知识点涵盖了"船艺训练"课程的所有环节,具有权威、准确、系统、实用的特点,满足STCW 公约马尼拉修正案《海船船员培训大纲(2016 版)》《中华人民共和国海船船员培训合格证评估规范》的要求,可作为航海技术专业本科生"船艺训练"课程的教材,亦可作为工具书供船上工作人员参考使用。

本书由谷春国、李琳、崔建峰主编,刘书平主审。全书共分为四章,其中,第一章由谷春国编写,第二章由李琳编写,第三章由曹铮、崔建峰编写,第四章由金奎光编写。参加本书编写的还有宫玉广、张克家、刘彦冬、王岩、李振宝、陈馨、徐薪喆等。全书最后由谷春国汇总、修订、统稿。

本书是在总结了大连海事大学航海训练与工程实践中心相关教学人员多年教学经验的基础上编写的,由于编写时间仓促,其中或有不尽完善之处,恳请广大读者批评指正,提出宝贵意见。

谨对在本书的编写和出版过程中给予大力支持和帮助的各位领导、同事表示真诚的谢意。

编　者
2019 年 6 月

目　录

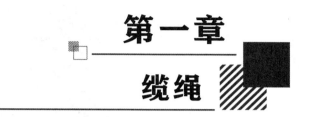

第一章 缆绳

缆绳在船上工作中应用广泛,与船舶安全生产联系密切,因此,船上工作人员应了解其基本性能、特点和要求,以便正确熟练地使用。

第一节 绳索的基本常识

船上习惯将某些粗大的绳索称为缆,如系泊缆、拖缆等;将细小的绳索称为绳,如撇缆绳、旗绳、测深绳等;将规定长度的专用绳索称为索,如千斤索、吊货索、吊艇索等。船舶生产中常用的绳索主要有船用纤维绳和船用钢丝绳两大类。

一、船用纤维绳

(一)种类与特点

船用纤维绳主要有两类:植物纤维绳(natural fiber rope;vegetable fiber cordage)和化学纤维绳(synthetic fiber rope)。

1. 植物纤维绳

植物纤维绳是将剑麻、龙舌兰、野芭蕉和棉花等植物纤维梳理、纺纱、捻制成股,再由股制成各种规格的绳。常用的植物纤维绳有白棕绳、油麻绳、棉麻绳等,一般采用拧绞或编织的方法制成。

(1)白棕绳

白棕绳(manila rope)以剑麻、龙舌兰、野芭蕉的植物纤维制成,呈浅黄色。其特点是质地柔软,质量轻,有一定的弹性,有较好的强度,但受潮后会膨胀(比原绳直径增大 20%~30%)、发硬、易滑、强度下降。质地最佳的白棕绳出产自菲律宾马尼拉,所以白棕绳也叫马尼拉绳。

白棕绳的搓制方法是先把纤维搓成绳条,然后将绳条搓成绳股,再把几个绳股搓合成绳,即拧绞绳（laid rope）。绳子的搓法是每次向相反方向搓,例如:绳条是向右搓的,绳股就向左搓,制成的绳就是右搓,这样的绳子按搓制法称右搓绳（Z 捻）,反之为左搓绳（S 捻）,如图 1-1所示。搓制绳在搓法上还有硬搓和软搓的区别。硬搓绳比较紧,弹性较大,浸水时吸水少,柔软性差,使用不方便;软搓绳则相反。船上用的白棕绳一般都是三股右搓绳。

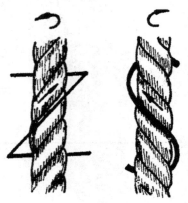

(a)右搓绳（Z 捻）　　(b)左搓绳（S 捻）

图 1-1　拧绞绳制法

（2）油麻绳

油麻绳（tarred rope）是用浸过焦油的麻纤维制成的,因为饱含油分,所以不易吸水,不易腐烂,绳质变脆,弹性减小,重量增加。油麻绳在寒冷的天气中容易变硬,使用不方便,船上多在包缠钢丝绳和制作软梯时使用。

（3）棉麻绳

棉麻绳（cotton-hemp rope）是用经过防腐处理的棉麻纤维混合搓成的小股绳条编织成的绳。绳的中间有芯,芯外面由 8 股、12 股或 24 股不等的绳股编织而成。其特点是柔软、光滑、不易扭结,强度较弱,弹性、防腐性差,船上一般用作旗绳、撇缆绳,有时也用作测深绳。

2. 化学纤维绳

化学纤维绳简称化纤绳,由石油制品或其他矿物质经过化学处理产生蛛丝状、棉丝状、片状等化学合成纤维,经过加工,用机器扭绞搓制而成。船上常用的化纤绳有尼龙绳、乙纶绳、丙纶绳、涤纶绳和维尼纶绳等,其特点是强度大、重量轻、耐霉变、耐腐蚀,有良好的柔韧性和伸缩性,与同直径的白棕绳相比,化纤绳质量轻,强度大 3 倍以上,在船上广泛使用。

（1）尼龙绳

尼龙绳（nylon rope）也称锦纶绳,是用聚酰胺纤维制成的,在化纤绳中强度最大。其特点是质量轻,柔软性好,有较大的弹性,长期使用不易疲劳,有较强的耐酸碱性,遇油不发生化学反应,但怕火,不耐磨,受力时会伸长,具有一定的吸水性,入水后重量会增加。尼龙绳摩擦后会产生静电,易吸附尘埃,暴晒过久会变黄老化,致使强度下降。尼龙绳表面摩擦后会逐渐起毛,但对其强度影响不大,起毛的粗糙层对其内部可起保护作用,从而延长缆绳的使用寿命。

（2）乙纶绳

乙纶绳（polyethylene rope）是由聚乙烯纤维制成的。其特点是耐低温、耐腐蚀、吸水性差,在水中各种技术性能基本不变,适用于水上作业,但不耐高温。

（3）丙纶绳

丙纶绳（polypropylene rope）是由聚丙烯纤维制成的，是目前船用化纤绳中最轻的缆绳。其特点是能浮于水面，吸水性小，并且柔软、耐油、耐腐蚀、耐摩擦，在滚筒和缆桩上不易滑动，在反复卷曲的情况下，对强度影响不大，操作轻便，伸长率和回弹性较小（只有尼龙绳的 1/2 左右），但耐热性较差，使用温度范围为 $-30 \sim 140 ℃$，其破断力为尼龙缆的 51%～66%。

（4）涤纶绳

涤纶绳（polyester rope）是由聚对苯二甲酸乙二酯纤维制成的，是化纤绳中耐腐蚀、耐高温、耐气候性较好的一种绳索。它吸水性低，耐高负荷连续摩擦，被船上广泛用作拖缆。

（5）维尼纶绳

维尼纶绳（vinylon rope）是化纤绳中强度最小的一种。其特点是耐磨、耐低温、耐日晒、耐盐和油，但弹性差，吸湿性最强，价格低。

目前，在船上，被广泛使用的化纤绳是丙纶绳。虽然它的强度略低于尼龙绳和乙纶绳，但它的密度小，能浮于水上，而且弹性、抗熔化能力好，价格低。近几年来，人们对丙纶绳还做了改良，使其破断力提高至尼龙绳的 90%。

船舶一般采用八股编绞化纤绳（cross rope）作系船缆，如图 1-2 所示，八股编绞化纤绳由拧绞的八股绳分成四对，由两对右搓股和两对左搓股编绞制成。此外，还有更大直径的缆绳，如由每组平行的三股绳编绞制成的十二股编绞缆。由于编绞绳各组的旋绕螺距较大，与纵向受力相适应，在交叉处内股具有缓冲作用，能抵抗突然冲击力，保证其应有的强度。交叉各组相互抑制，保持自然平衡，受力后也能保持原来的结构，不会出现扭结，也不会发生回转。使用时，无论是在缆桩上还是在绞车上，均能平整排列，同时也可以左右方向盘放，这样操作更方便。船上也有使用其他化纤绳的，如编织的化纤绳。

图 1-2 八股编绞化纤绳

船上用作系船缆的化纤绳的直径一般在 20～65 mm，直径大于 65 mm 的可以用作保险缆，直径小于 20 mm 的不允许用作系船缆。

（二）规格、质量与强度

1. 规格

（1）直径

纤维绳的粗细大小是以它的直径来表示的，单位是毫米（mm），有的船上还习惯使用英制单位，用英制单位时量它的周长，单位是英寸（in），量取时要量它最大处的尺寸。由于 1 in 约等于 25.4 mm，所以圆周长为 1 in 的纤维绳的直径约为 8 mm。

公制与英制的换算关系为

$$C/D \approx 1/8$$

式中：C——周长（in）；

　D——直径（mm）。

（2）长度

习惯上以捆为单位，有公制和英制两种。

公制：1 捆 = 200 m 或 210 m；

英制：1 捆 = 120 拓，约 720 英尺（ft）。

一般情况下，厂商供应缆绳，以船方需要为准。

2. 质量

纤维绳以每捆 200 m 来计算质量，可以用如表 1-1 所示的经验公式估算。

表 1-1　纤维绳每捆 200 m 的质量的估算经验公式

种类	质量（kg）
白棕绳	$0.141D^2$
尼龙绳	$0.121D^2$
维尼纶绳	$0.120D^2$
涤纶绳	$0.147D^2$
乙纶绳	$0.103D^2$
丙纶绳	$0.097D^2 \sim 0.098D^2$

注：表中 D 为纤维绳的直径（mm）。

3. 强度

为了在船舶生产中安全使用绳索，防止在工作中破断而发生危险，在使用前，必须了解该绳索的强度。纤维绳的强度在厂商制造时采用拉力试验测得。在供应商将绳索送船时，会把有关绳索的说明书（包括规格、强度等技术数据）交给船方。当没有纤维绳出厂的说明时，船上习惯采用一些估算公式来进行估算，估算的强度往往与实际情况有些出入，但一般偏向安全一些的数值。

（1）破断强度

破断强度指缆绳在拉力试验机上逐渐增大受力直到破裂时所承受的最大拉力，以牛顿（N）或千克力（kgf）为单位。

①白棕绳的破断强度为

$$T_{白} = 54D^2$$

式中：$T_{白}$——白棕绳的破断强度（N）；

　D——白棕绳的直径（mm）。

②化纤绳的破断强度为

$$T_{化} = 98KD^2$$

式中：$T_{化}$——化纤绳的破断强度（N）；

　K——系数，丙纶缆为 0.74 ~ 0.85，尼龙缆为 1.19 ~ 1.33，改良丙纶缆 1.1 ~ 1.21，复合缆为 2.0；

D——化纤绳的直径(mm)。

（2）安全强度

安全强度指缆绳所允许的最大安全负荷。

安全强度计算公式为：

$$安全强度=破断强度/安全系数$$

一般情况下,安全系数取6。实际使用中还必须根据不同工作需要确定不同的安全系数。一般系船缆的安全系数取6~8,拖缆的安全系数取8~10。

如果纤维绳已经使用过,还要根据纤维绳的新旧程度、干湿情况和是否打结或插接确定合适的安全工作负荷,如存放过2~3年的新绳强度会损失15%~20%。白棕绳受潮后强度会损失约25%,受潮后的化纤绳强度会损失5%~10%。经过突然受力使用后,强度按原来的1/2计。打结使用时应降低化纤绳的使用强度。

（三）使用与保管

1. 启用新绳

启用新绳时要注意产品的出厂时间,仔细检查缆绳的颜色和气味。为避免打开新绳捆时不慎造成绳索绞缠、扭结,对于细绳可将其内外绳头所在的一面朝下,平放在甲板上。在去除捆扎的索条后,将捆内的绳头从捆中的圆孔里向上抽出,边抽边将抽出的绳子适当拉伸,并按顺时针方向盘放整齐。对于粗绳可将绳捆内外绳头所在的一面朝上,放置在转架上,将转架吊离甲板,去除捆扎的小绳,即可拉动捆外的绳头,随着转架的转动将绳捆解开,边拉边将解开的绳子适当拉伸,再按顺时针方向盘放整齐,如图1-3所示。

(a)新绳（细绳）的启用

(b)新绳（粗绳）的启用

图1-3　新绳的启用

2.使用注意事项

（1）使用缆绳时,应尽量避免磨损,经常摩擦或通过导缆器和码头边缘的绳段,要用帆布或麻袋包扎一下,或给其垫上旧轮胎等。

（2）白棕绳受潮后会收缩变硬,强度和弹性下降,干后又会伸长。雨天、雪天、雾天应将拉紧的白棕绳适当放松,以免绷断。蘸上海水或泥沙的白棕绳,应用淡水冲洗干净,并充分晾干。若白棕绳已干燥,但仍呈僵硬状态,说明内部尚未干透,须晾晒至绳质柔软才能收存,以免霉烂。

（3）化纤绳不能接近火种、高温场所。要防止在日光下长时间暴晒,以免老化降低强度和缩短使用寿命,同时要防止在粗糙的表面摩擦而起毛或断丝。

3.检查保养

（1）缆绳应经常进行检查。如发现有磨损、腐烂等现象时,应立即加以更换,以免发生事故。

（2）缆绳不用时,应按照要求整齐地盘放在木格垫板上,或盘卷于缆车上,并用帆布罩盖好,以免日晒雨淋。

（3）要防止缆绳接触酸、碱、盐等化学物品,以免纤维绳受腐蚀变质,强度下降,使用年限减少。

（4）存放缆绳的仓库要保持通风、干燥。室温宜在 10～21 ℃,湿度在 40%～60%,以免缆绳霉烂变质,同时应该防鼠啃咬,并定期翻舱晾晒。

二、船用钢丝绳

船用钢丝绳（steel wire rope）由一定形状和大小的多根统长的碳素钢或合金钢钢丝控制而成,其结构剖面如图 1-4 所示,具有强度大、尺寸小、重量大、经久耐用等特点,但保养不当容易生锈。目前钢丝绳在船上绳索使用中仍然占有重要位置,常用作吊货索、吊艇索、系船缆、拖缆、保险缆等。船上一般采用 6×24+7 的软钢丝绳作为缆绳,缆绳直径大于 56 mm 时应采用 6×37+1 的钢丝绳。作为带缆用的钢丝绳一般直径为 20～36 mm,直径在 36 mm 以上的可用作拖缆与保险缆。

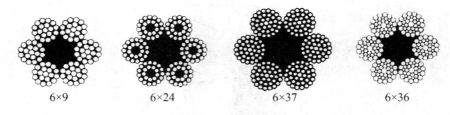

| 6×9 | 6×24 | 6×37 | 6×36 |

图 1-4　船用钢丝绳结构剖面图

（一）种类、特点

按照钢丝的粗细和油麻芯的多少,钢丝绳分为硬钢丝绳、半硬钢丝绳和软钢丝绳。

1.硬钢丝绳

硬钢丝绳（stiff wire rope）是由 6 股钢丝搓成的钢丝绳,中间夹一股钢丝股芯。如 7×7 的钢丝绳,表示股数为 7 股,每股有 7 根钢丝;又如 6×31+（7×7）的钢丝绳,表示股数为 6,每股有

31 根钢丝,股芯为 7×7 的钢丝。6×31+(7×7)的钢丝绳内无油麻芯,因而是一种最硬的钢丝绳,虽不便于操作,但这种钢丝绳的强度特别大。它在船上除了用作大桅和烟囱等的支索外,还用作与绞车配合的拖索和系船索。

2. 半硬钢丝绳

半硬钢丝绳(semi-flexible wire rope)由 6 股钢丝中间夹 1 股油麻芯制成,特点是丝数多而细、较柔软、便于使用,在船上常用作吊货索、吊艇索、保险缆、拖缆或系船缆。常见的半硬钢丝绳类型有 6×19+1、6×37+1 等。

3. 软钢丝绳

软钢丝绳(flexible wire rope)由 6 股钢丝中间夹 1 股油麻芯制成,且各股钢丝中间都夹有细油麻芯,特点是柔软、重量轻、使用方便、在钢丝绳中强度最小,在船上常用作牵引索、带缆、吊货索、吊艇索。常见的软钢丝绳类型有 6×24+7、6×30+7 等。

钢丝绳在捻制时,在绳的中间都有一股芯,其夹芯有纤维芯或金属芯。纤维芯是由动物、植物或合成物经液态油或复合润滑剂浸泡制成的,因此,船上习惯称这些夹芯为油麻芯。它可以减少钢丝绳的内部摩擦,受力时起缓冲作用,增加钢丝绳的柔软度,防锈并起润滑作用,便于使用保养。钢丝绳含油麻芯越多就越柔软,操作起来也就越方便。可根据钢丝绳的油麻芯数量来判断钢丝绳的种类。

(二)标记

钢丝绳的标记按下列顺序标明:尺寸→表面状态→结构形式→抗拉强度→捻向→最小破断拉力→单位长度重量→产品标准号。

1. 尺寸

(1)圆形钢丝绳,用 mm 表示钢丝绳的公称外接圆直径。

(2)编织钢丝绳,用 mm 表示钢丝绳的公称外接圆直径。

(3)扁钢丝绳,用 mm 表示钢丝绳的公称外接矩形尺寸(宽度×厚度)。

2. 表面状态

(1)光面钢丝:NAT;

(2)A 级镀锌钢丝:ZAA;

(3)B 级镀锌钢丝:ZBB;

(4)AB 级镀锌钢丝:ZAB。

3. 结构形式

不同结构形式的钢丝绳的表示方法不同。单捻钢丝绳在标记时,由钢丝绳的外部向中心标记,标出钢丝绳的逐层钢丝根数,包括中心钢丝在内,用"+"号隔开。例如"单股钢丝绳:12+6+1"表示外层为 12 丝,第二层为 6 丝,中心 1 丝。船上通常采用简化标记,如"6×7+NF"表示钢丝绳有 6 股,每股 7 丝,夹天然纤维芯。又如"6×19+7"表示钢丝绳有 6 股,每股 19 丝,外加 7 个油麻芯。

钢丝绳(股)芯用下列代号标记:

(1)纤维芯:FC;

(2)天然纤维芯:NF;

（3）合成纤维芯：SF；

（4）金属丝绳芯：IWR；

（5）金属丝股芯：IWS。

4. 抗拉强度

钢丝公称抗拉强度以 N/mm^2 作单位。

5. 捻向

捻向用两个字母（Z 或 S）表示，其中第一个字母表示钢丝绳的捻向，第二个字母表示股的捻向。字母"Z"表示右向捻，字母"S"表示左向捻。"ZZ"或"SS"表示右同向捻或左同向捻，"ZS"或"SZ"表示右交互捻或左交互捻。

6. 最小破断拉力

钢丝绳的最小破断拉力以 kN 为单位。

7. 单位长度重量

以 100 m 为单位长度计算重量（kg）。

8. 产品标准号

例：某钢丝绳标记为 18 NAT 6(9+5+1)+NF ZZ 190 117 GB 1102。

其中：18——钢丝绳的直径；

NAT——光面钢丝绳（表面状态）；

6(9+5+1)+NF：钢丝绳的结构形式；

ZZ——捻向（右同向捻）；

190——最小破断力；

117——单位长度重量；

GB 1102——产品标准编号。

（三）规格与强度

1. 规格

（1）直径

钢丝绳的粗细以其截面外接圆的直径表示，单位为毫米（mm），如图 1-5 所示。

（2）长度

每捆钢丝绳的长度为 220 m 或 500 m，现在厂商可以按照船方需要来供应。

（3）质量

钢丝绳每米的质量可用如表 1-2 所示的经验公式来估算。

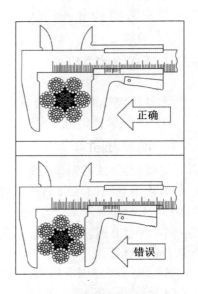

图 1-5　量取钢丝绳直径

表 1-2　钢丝绳质量的估算经验公式

种类	每米质量（kg）
硬钢丝绳	$0.0045D^2$
半硬钢丝绳	$0.0035D^2$
软钢丝绳	$0.0030D^2$
无挡链条	$0.0217D^2$

注：表中 D 为钢丝绳的直径（mm）。

2. 强度

在钢丝绳的质量证书或国家标准中，所查得的破断负荷是单根钢丝破断负荷的总和，搓成绳索后，它的破断强度只有总和的 87%。如果没有资料可查，破断强度可用以下公式估算：

$$T = 420D^2$$

式中：T——钢丝绳的破断强度（N）；

　　　 D——钢丝绳的直径（mm）。

缆绳的安全工作负荷为破断强度除以安全系数。在不同情况下，对安全系数有不同的要求，通常取 6。使用缆绳前，还应考虑到在某些情况下要降低强度使用，如插接后应降低约 10% 的强度，已生锈的应降低约 30% 的强度，过度拉伸受伤的应降低约 50% 的强度等。

（四）使用、检查和保养

1. 启用新绳

（1）启用新绳时，应首先查看它的标牌和质量保证书，了解钢丝绳的名称、标准编号、尺寸大小、直径结构、捻法、净重、抗拉强度、破断拉力、表面状态、检验印记等技术数据和证书的有效性。

（2）检查包装。无论是否用工字轮包装，内底都应该衬垫一层防潮纸，外表用塑料包装捆扎结实。直径不小于 15 mm 的钢丝绳，工字轮边缘的高出量不应小于 30 mm。

（3）打开包装后，应检查镀锌层质量，如锌层无光泽、暗淡，表面有白色或黑色薄膜，则应进行质量检验。如果不是镀锌钢丝绳，其表面涂油应均匀无遗漏，油面附着力较好。

（4）目视检查钢丝绳的规格尺寸无差异，钢丝绳捻制方法正确、无断丝、绳芯无外漏，绳圈排列整齐。

（5）打开新捆时，应该将成捆钢丝放在转盘或转动的缆车上，将绳捆的外圈绳头拉出，然后边转边拉，切不可从里边拉出绳头，这样易造成扭结。拉出的钢丝绳应在甲板上伸展排放，以防扭结，如图 1-6 所示。

（6）截断钢丝绳之前应用铁丝或油麻绳等将钢丝需要截断的两端捆扎牢固，捆扎长度应为绳径的 3 倍以上，以免截断绳后，绳股弹开、松散，造成麻烦和浪费。

2. 使用注意事项

（1）普通 6 股钢丝绳在使用中，不可扭结或过度弯曲。过度弯曲、扭结会使钢丝绳变形，油麻芯外露，各股钢丝之间出现缝隙，容易吸潮气而锈蚀，并且还会因各股钢丝受力不平均而使强度降低，致使钢丝绳容易被损坏，缩短使用寿命。

（2）钢丝绳伸长率很小，吊重物时要平稳操作，应减少突停、急顿，以免增大负荷，使钢丝绳出现断裂。

图1-6 启用新绳

（3）使用钢丝绳时,应避免穿绕在直径很小的滑轮或系柱上,以免钢丝绳因过分弯曲而变形或断丝。

（4）为避免钢丝绳一端因长期使用而过度磨损,钢丝绳应按规定定期掉头使用,以延长使用年限。

3.检查、保养

（1）库存钢丝应定期检查、涂油保养,避免被存放在潮湿不通风处,也不应存放在高温干燥处,露天存放时应遮盖防水,盘放在格垫上。

（2）钢丝绳不用时应盘卷在钢丝绳专用的卷车上,排列整齐,遇有扭结时应顺劲解开。临时在甲板上盘放钢丝绳时,应按捻制的方向盘放。若出现扭结,可将扭结处扩大成绳圈,再顺着扭结将绳圈自然压下,无须将扭结完全解开。

（3）钢丝绳应保持有油,以免受潮生锈。钢丝绳蘸上海水、泥污时,应先用淡水冲净、晾干,再涂油脂。

（4）作静索用的钢丝绳每6个月应涂油保养一次。作动索用的钢丝绳应每3个月检查、涂油保养一次。远洋船上的钢丝绳应每航次都注意检查保养。

三、复合缆绳

目前,有的船采用复合缆绳（composite rope）,这种缆绳每股均有金属芯,外覆盖纤维保护套,有3股、4股、6股,其强度优于其他缆绳,一根圆周长8.5 in（1 in＝25.4 mm）的复合缆绳强度为同等规格的丙纶缆绳强度的2.5倍。缆绳的伸长率减小,质地柔软、重量轻、操作方便,但因价格高昂,不便于维护保养,船上还未广泛采用,主要用作拖缆、绑扎、固定绳索等。目前,很多船舶特别是海洋工程船、专业救助船、三用工作船等常使用这种缆绳。

第二节 常用绳结

在船上,很多作业需要用绳索系结,为了船舶工作的安全与快捷,熟练掌握常用绳结是非常必要的。系绳结的基本要求是正确、牢固、迅速且美观,同时方便解开。

系绳结时,用来打结、穿绕的一端称为绳端（绳头）,与绳端相对,离绳头较远的部分称为绳根(绳干)。打结时,通常右手持绳端,左手持绳根。一根绳的绳端与绳根相交或绳根与绳根相交形成绳环(绳圈)。

一、平结

1. 用途

平结用于两根粗细相同或相近的小绳相连接,一般用在不常解开的地方。

2. 系结方法

两手各握一个绳头,先打好一个半结,然后将两绳头并拢再打一个半结,收紧即成,如图1-7所示。

3. 系结要求

平结打好后,绳端与绳根穿出方向必须一致,绳结要收紧,绳头不能留得太短,以防受力后滑脱。

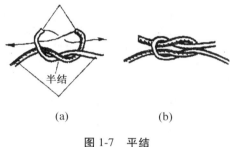

(a)　　　　　　(b)

图 1-7　平结

二、缩帆结

1. 用途

缩帆结用于两根粗细相同或相近的小绳相接或临时绑扎物品,用于需要经常解开的地方。

2. 系结方法

该绳结打法与平结打法基本相同,只是在打第二个半结时留一活头,打好后收紧即成,如图1-8所示。

3. 系结要求

绳头不能留得太短,活绳环不能留得太小,绳结要收紧,以免受力后绳结散开或变形。

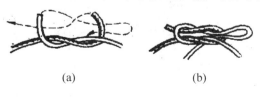

(a)　　　　　　(b)

图 1-8　缩帆结

三、丁香结

1. 用途

丁香结用于将绳索固定在圆柱形物体上或小绳与大缆垂直连接时。

2. 系结方法

将绳头从里向外绕物体一周，并压住绳根，再将绳头绕物体一周后穿进第二次形成的绳圈内，两绳圈并拢，收紧即成，如图1-9所示。

3. 系结要求

绳头不能留得太短，绳结要收紧。该绳结不能系于方形物体上，否则容易松脱。

若属临时性系结，为便于迅速解开，可将绳头留为活头状态。若需系留较长时间，为保证牢固，在打好丁香结后，可在绳干上再打一个半结，成为"丁香兼半结"。

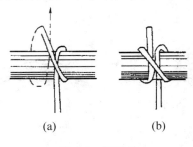

(a)　　　　　　　　(b)

图 1-9　丁香结

四、鲁班结

1. 用途

鲁班结的用途与丁香结相似。在较短的圆柱中部系固后，还可供吊升、拖拉；拆卸千斤索滑车时，用绳索（索链）固定千斤索也可用此结，但不能系固于方形物体上，否则容易松脱。

2. 系结方法

绳子在圆柱上绕两周后，绳头压住两绳圈再绕一周，然后从最后绳圈的绳干下穿出收紧即可，如图1-10所示。

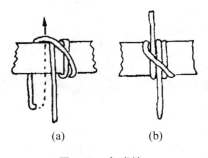

(a)　　　　　　　　(b)

图 1-10　鲁班结

3. 系结要求

绳圈要平整、紧实,绳头不能留得太短。

该绳结由于系结点摩擦阻力较大,绳结不易滑动,绳干受力方向与圆柱体可成锐角,甚至水平方向拉动也不滑脱(绳的拉力方向应与打结开始时绳索缠绕的移动方向相同),且在绳根受力的情况下也可系结。

五、单编结(单索花)

1. 用途

单编结用于两根不同粗细的绳索相接,或绳索连接眼环(又叫"琵琶头")。

2. 系结方法

将绳头穿过眼环并绕眼环一周,再使绳头穿过绳干,收紧即成,如图 1-11 所示。该绳结的打法简单,易于解开,但负重时单编结易滑脱。

3. 系结要求

绳结要收紧,绳头不能留得太短,并保持平整,以免受力后滑脱。若用于两绳连接,应以较粗的绳端做绳环。此结不适合用于将绳索在较大的嵌环或坚硬的绳环上系固。

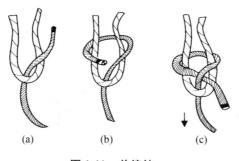

(a)　　　　(b)　　　　(c)

图 1-11　单编结

六、双编结(双索花)

1. 用途

双编结的用途和单编结基本相同,一般用在受力较大的地方,如上高绳与坐板绳的连接。

2. 系结方法

打单编结时,绳端绕眼环一周,穿过绳干收紧即成,而双结是绕眼环两周,其他与单编结相同,如图 1-12 所示。

3. 系结要求

绳端两次穿绕的方向要一致,都应被绳干压住,绳圈要排列整齐。

七、单套结

1. 用途

单套结用于连接绳与绳、绳与眼环,高空、舷外作业时做临时安全带,水面救生、临时带缆时做眼环,将绳索系固在任何适当的物体上。

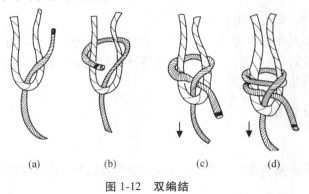

(a)　　　(b)　　　(c)　　　(d)

图 1-12　双编结

2.系结方法

在离绳端一定距离处打一个半结,拉直绳端使绳根构成一绳圈,将绳端绕过绳根穿回小绳圈内,收紧即成,如图 1-13 所示。

3.系结要求

绳端不能留得太短,且应放在绳环内侧。绳结要收紧,以防受力时松动变形。系结时根据使用的不同要求,采用不同的系结手法,才能达到系、解迅速,运用灵活的目的。如用作临时保险带,绳圈应与腰围相符,松紧适中。

该绳结牢固可靠,受力拉紧以后绳圈大小不变,易于解开,是船上使用较广泛的绳结。

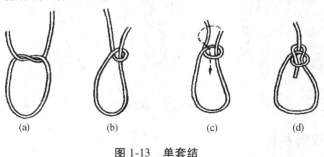

(a)　　　(b)　　　(c)　　　(d)

图 1-13　单套结

八、双套结

1.用途

双套结用于高空或舷外作业时临时代替单人坐板,可套进双腿后乘坐。

2.系结方法

将工作绳的一端折成双股,然后将双股做成一个小绳圈并使双股绳头穿过绳圈,再将双股绳头向下张开,把构成的双股绳圈套进双股绳头内,收紧即成,如图 1-14 所示。

3.系结要求

绳结应确实收紧,保持平整。

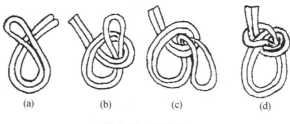

图 1-14　双套结

九、水手结

1. 用途

水手结的用途与双套结相同。

2. 系结方法

将绳子放在手上,绳端与绳根各往上打两个绳圈,并让这两个绳圈单边重叠,左手拿好绳根后部,右手将前部重叠交叉,从前往上翻,左手上的绳索交叉形成四个对称绳圈,然后将大圈往相邻的小圈中穿入拉紧,整理平顺即成,如图 1-15 所示。

3. 系结要求

绳结应收紧, 绳圈大小相同,受力时,绳圈大小不发生变化。

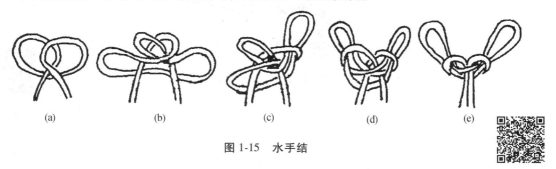

图 1-15　水手结

十、圆材结

1. 用途

圆材结用于连接缆绳与圆柱形物体,或临时拖曳、吊升圆柱形细长物件。

2. 系结方法

绳端绕圆柱形物体一周,然后绕过绳根折回,在绳上面绕 2~3 圈,收紧即可,如图 1-16所示。

3. 系结要求

绳头不能留得太短,绳结要确实收紧,以免受力后绳结移动、松脱。

图 1-16　圆材结

十一、拖木结

1. 用途

拖木结用于拖、吊较长的圆柱形物体，如木材等。

2. 系结方法

在圆材上先打好一个半节，隔开一定距离再打一个圆材结，收紧即成，如图 1-17 所示。

3. 系结要求

圆材结、半结均应收紧，彼此之间不可留有松弛绳段，以免受力后绳结滑动、松脱。当圆材两端粗细不同时，半结应系在较粗的一端。该绳结可以使木材吊起后直立并稳定。

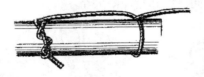

图 1-17　拖木结

十二、立桶结

1. 用途

立桶结用于起吊无耳的桶、罐等物体。

2. 系结方法

将桶形物体的底部压在绳索的中段，在两绳端打一个半结，将半结分开套在物体上的适合位置，调整、收紧即成，如图 1-18 所示。

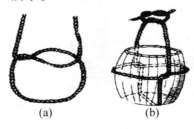

（a）　　　　　（b）

图 1-18　立桶结

3. 系结要求

绳索必须从桶形物体底部的正中通过,两侧的半结应处于物体的稍上部,并保持对称,以免物体倾倒、滑脱,必要时可在物体上下方1/3处各打一个半结,形成双层立桶结,举吊时就会更稳妥。

十三、杠棒结

1. 用途

杠棒结用于抬、吊各种重物。

2. 系结方法

用绳索的一端做第一个眼环,将另一端的适当距离处的绳索在第一个眼环上绕一周后形成第二个眼环,将形成第二个眼环的末端绳根部分从绳下拉出形成第三个眼环,第三个眼环与第一个眼环并在一起,收紧即成,如图1-19所示。

3. 系结要求

绳环、绳头要压牢,绳头不能留得太短,以免松脱。绳环长度应相等。

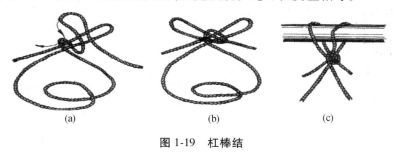

(a)　　　　　　　　(b)　　　　　　　　(c)

图 1-19　杠棒结

十四、缩短结

1. 用途

缩短结用于受力不大时,临时缩短绳索而不必将绳索切断,可缩短绳索到所需长度。

2. 系结方法

根据缩短长度的要求,将绳索做成 Z 形、链条形或双耳环形。

(1)Z 形

将绳子折成 Z 形,在 Z 形的两端各打一个半结并将绳环套入,再将半结收紧即成。

(2)链条形

在绳子上预先做一眼环,将绳根穿过眼环再拉出一个眼环,依次将绳索缩短到所要求的长度,再将绳头穿过最后一个绳环,收紧即成。

(3)双耳环形

将绳子打成一个丁香结,在中间相交的两根绳索一上一下拉出左右两个耳环,而后两端各用绳子打一半结套住,收紧即成,如图1-20所示。

3. 系结要求

两端半结的位置不宜太靠"外"或"里"，两端的绳圈要收紧，以防脱落。

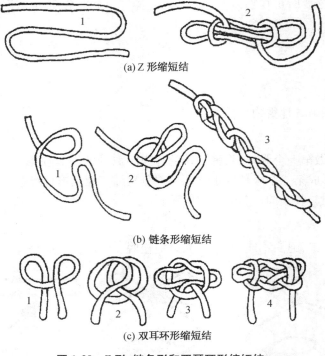

(a) Z 形缩短结

(b) 链条形缩短结

(c) 双耳环形缩短结

图 1-20　Z 形、链条形和双耳环形缩短结

十五、撇缆活结

1. 用途

撇缆活结用于在船舶系泊时，将撇缆绳与大缆眼环临时连接，以便将船舶缆绳拉上码头套在缆桩上。

2. 系结方法

将撇缆绳端穿过大缆绳眼环后，在撇缆绳根部做一眼环，再将撇缆绳端绕眼环一圈，并做一活头塞进眼环，收紧活头和绳根即成，如图 1-21 所示。

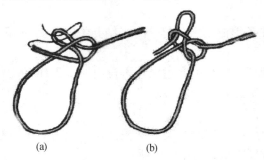

(a)　　　　(b)

图 1-21　撇缆活结

3. 系结要求

绳结一定要在调整好后收紧,绳头与活绳环都不能留得太短,以免受力后松脱。系在大缆上的绳环应大一些,以使其在缆绳眼环上活动自由。

十六、制索结

1. 用途

船舶系泊时,使用制索绳或制索链在缆绳上打制索结,可临时控制住缆绳活动,防止缆绳松回。

2. 系结方法

（1）钢丝缆制索结系结方法

先把制索链的根端固定在甲板上的眼环上,再将制索链在钢丝缆上顺绳股走向打个半结,也可顺着半结的方向多绕一圈,然后沿出缆方向,与半结相反的方向,逆绳股走向,将制索链在钢丝缆上连续缠绕4~5圈,并将制索链末端的小绳也缠绕2~3圈,最后顺着出缆方向拉紧小绳即可,如图1-22(a)所示。

（2）化纤缆制索结系结方法

①双根打法

先将双制索绳的根端固定在甲板上的眼环上,再把双制索绳分开拉直,沿出缆方向靠在缆绳上,从左右两侧在缆绳上下缠绕,一次在上一次在下,相互交叉压住,缠绕数周后将双制索绳端并拢拧成单绳,再顺着出缆方向拉紧,如图1-22 (b)所示。

②单根打法

先将制索绳的绳根端固定在甲板上的眼环上,再把制索绳拉直,沿出缆方向靠在缆绳上,将制索绳自缆绳上方绕缆绳一周后,向缆绳的尾端连同制索绳缠绕至少4~5圈,如图1-22 (c)所示。

3. 系结要求

缠绕时,制索绳一定要收紧,以增大摩擦力,且缠绕道数足够。

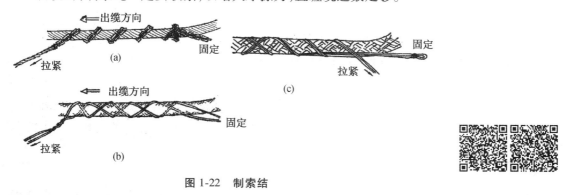

图 1-22　制索结

在实际工作中,制缆操作应注意:

（1）操作前,应认真检查制索用具,包括制索绳（链）、卸扣和眼环等连接构件,确定其强度是否可靠。

（2）调顺制索绳（链），以防受力时滑脱或断裂。

（3）制缆操作要正确、迅速，精力集中，随时注意制索器材各部分的受力情况，以便出现险情时能安全避开危险。

（4）作业人员不得站在受力缆绳的靠舷边一侧，也不能在其他危险区域内停留。

十七、系缆活结

1. 用途

系缆活结又称压缆活结。该绳结用于系扎双缆桩上的钢丝缆，防止钢丝绳从缆桩上弹出或松脱。

2. 系结方法

将绳索折成双股，自上向下数，在第三道钢丝缆的下方由内向外穿出，将两绳端之一做成活头穿过绳环，收紧另一端，再将另一端的绳索做成活头穿过新形成的绳环，收紧前一个绳环的绳端即成，如图 1-23 所示。

3. 系结要求

绳结要收紧，绳头不能留得太短，并保持活头状态，应将钢丝缆绑牢。打结时，不可戴皮手套，动作应迅速，以防手被钢丝缆夹伤。

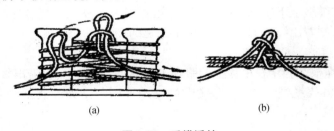

(a)   (b)

图 1-23   系缆活结

十八、架板结

1. 用途

架板结用于在船舷内、外搭双人架板时连接架板绳与架板。

2. 系结方法

取架板绳的中部放在架板横挡的内侧，将架板两侧的绳索在横挡下方交叉再绕回到架板上，将横挡内的绳松长并套在架板头上，收紧两侧绳索并各做一个半结，套进两侧横挡上收紧即成，如图 1-24 所示。

3. 系结要求

绳索要收紧，保持平整稳定，使架板两边受力均匀，牢固可靠。两个半结绳根拉出的方向应一致。

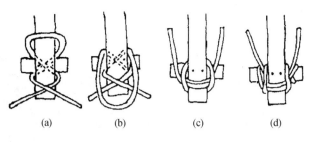

图 1-24 架板结

十九、架板活结

1. 用途

架板活结用于在舷外作业时,把架板绳固定在栏杆上。

2. 系结方法

架板放置舷外位置调整好后,将架板绳在结实的两道栏杆上绕一周,把两绳索在上栏杆的下部分开,各做一绳圈,左环从架板绳左侧伸出栏杆外,右环从架板绳右侧伸出栏杆外,用右环套住左环,收紧右绳圈。再将右绳做一绳环从上栏杆绕过穿入左绳环,收紧左绳,将右环拉长到一定的长度,使之能在两栏杆之间将所有绳索围进来,并打一个半结,收紧即成,如图 1-25 所示。

3. 系结要求

确保绳索收紧,保证绳结紧凑、不松散。该绳结易结易解,可调整架板位置的高低,架板绳很长也不会妨碍打结。

二十、旋圆两半结

1. 用途

旋圆两半结用于绳索在圆柱、栏杆、眼环等圆形物体上的系固。绳索受力时也能系结。

2. 系结方法

用绳端在圆形物体上绕两周,再使用绳头在绳根上打两个半结,如图 1-26 所示。

3. 系结要求

绳索在圆形物体上旋绕时,绳股不可交压,两个半结应组成丁香结,绳头不能留得太短,绳结应收紧。

二十一、"8"字结(绞花结)

1. 用途

"8"字结用于绳索穿过一定大小孔眼(如滑车)后,防止绳索滑脱。

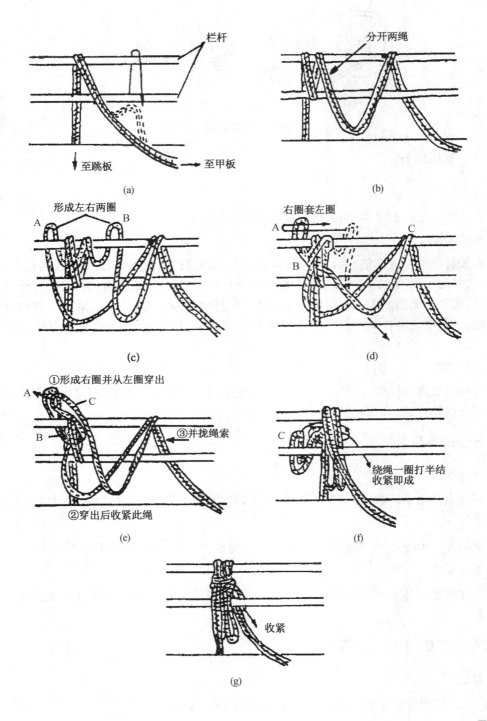

图 1-25 架板活结

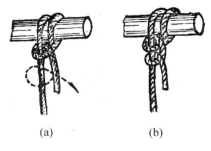

(a)　　　　　　　　(b)

图 1-26　旋圆两半结

2. 系结方法

将绳头压住绳根构成绳圈,并绕绳根一周,再将绳头穿回绳圈内收紧即可,如图 1-27 所示。

3. 系结要求

绳头要留足长度,绳结应收紧,以防松脱。

(a)　　　　　　　　(b)

图 1-27　"8"字结

二十二、钩头结

1. 用途

钩头结用于将绳索挂在钩子上,防止绳索滑脱。

2. 系结方法

绳端在钩背上绕 1~2 圈后,将受力端的绳索压住绳头,如图 1-28 所示。

3. 系结要求

绳头一定要压在受力绳索的下边。

受力端

图 1-28　钩头结

二十三、松降结

1. 用途

松降结用于连接高空作业中的上高绳与单人坐板绳；或在舷外搭架板作业时，用于可松降方式降落架板。利用松降结，作业者可在坐板或架板上自行调整工作位置的高度。

2. 系结方法

坐板绳穿过高处滑车后，拉下来的绳端用双编结和单人坐板绳的中间部位相接，绳端须留出足够长度（一般 1.2 m 以上）。抓住坐板绳力端，在双编结下面，从里向外穿过单人坐板绳环并拉引向上，用左手将三根绳子握在一起，再用右手利用事先留出的绳索在左手下边绳索上打丁香结（注意此时的丁香结所捆扎的是三根绳子），收紧丁香结，将力端绳拉下系半结在坐板端部。若无专用拦腰绳，可在用之前将打丁香结剩余的绳索绕过腰间，在单人坐板绳上适当位置再打一个丁香结，起保护作用，如图 1-29 所示。

3. 系结要求

绳结松紧适度，安全可靠。作业者能在坐板或架板上自行调整工作位置高度。

图 1-29　松降结

二十四、扎绳结

1. 用途

扎绳结用于绑扎工作梯或引航员软梯的两根平行并列的绳索。

2. 系结方法

将一端绳索放在被扎绳上，然后顺绳纹方向缠绕 10～12 圈，再将绳头在被扎绳之间绕两周后，在两圈绳索上打一个平结收紧即可，如图 1-30 所示。

3. 系结要求

扎绳结系结要求系结牢固、平整、紧凑、美观。

图 1-30　扎绳结

二十五、扎绳头结

1. 用途

扎绳头结用于防止绳头散开。

2. 系结方法

将绑扎的两绳头交叉放在被扎绳索上,一端绳头在下,另一端绳头在上,然后将一端绳头的后部由里向外,从右向左在被扎绳端上绕 8~10 圈,最后收紧另一端绳头即成。也可将细绳弯成一绳环,绳头绳干均贴着被扎绳干,抓住细绳绳干,在大绳绳头整齐、紧密地缠扎 6~10 圈后,穿过绳环,拉细绳绳头,收紧绳环,割去多余的细绳即可,如图 1-31 所示。

3. 系结要求

扎绳头结系结要求保持平整,紧紧缠绕。

图 1-31　扎绳头结

二十六、艇罩结

1. 用途

艇罩结是用于固定艇罩的专用绳结。

2. 系结方法

在绳索适合位置上预先做好一个绳圈,把绳索穿过帆布圈后收紧,将收回的绳索做一活头穿入绳圈内,再将多余的绳索在靠近绳圈根部处紧密缠绕至绳圈顶部,最后做一活头穿入绳圈顶部内即成,如图 1-32 所示。

3. 系结要求

艇罩结系结要求绳索必须缠绕整齐,活头不能留得太短。

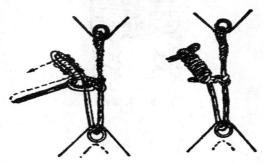

图 1-32　艇罩结

二十七、天篷结

1. 用途

天篷结用来固定帆布帐篷、护墙等。

2. 系结方法

①短接法

将固定在天篷眼环上的绳索绕过栏杆与眼环两周,将绳头绕过栏杆,压在绳索上,再绕过栏杆做成一个活头塞入绳圈内,收紧即成,如图 1-33(a)所示。

②长接法

将固定在天篷眼环上的绳索绕过栏杆与眼环两周,再将绳头在绳索上绕 4~5 周塞入绳索缝内即成,如图 1-33(b)所示。

3. 系结要求

短接法用于固定边索,长接法用于固定角索。

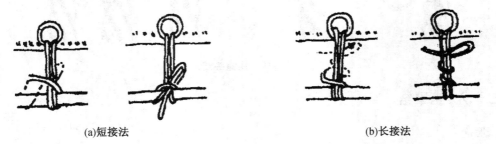

(a)短接法　　　　　　　　　　(b)长接法

图 1-33　天篷结

二十八、渔人结

1. 用途

渔人结用于将较大的钢丝缆缚于锚环上、浮标上或圆材上,或用于将粗细差别不大的绳索相接。

2. 系结方法

将绳端在锚环或物体上绕两圈,然后将绳端穿过绕的绳圈内打一个半结,接着在绳根上再打一个半结,收紧即成,如图 1-34 所示。

3. 系结要求

渔人结系结要求绳头不宜留得太短,以防绳头滑脱。

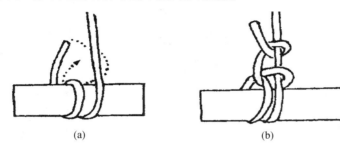

(a)   (b)

图 1-34　渔人结

二十九、提帆结

1. 用途

提帆结用于升降圆木或圆形物体及扬帆。

2. 系结方法

将绳索在被系物体上绕两周,然后将绳头绕过绳根后从绕物体两周的绳根下穿过,接着再从绕物体一周的绳根下面穿进,收紧即成,如图 1-35 所示。

3. 系结要求

提帆结在系结后应收紧,绳头不宜太短。

图 1-35　提帆结

三十、小艇结

1. 用途

小艇结用于拖钩挂艇或牵引小艇。

2. 系结方法

从拖船上引出拖缆，绳头从上往下绕艇首横座板一周，将绳头绕过绳根再穿过座板下方，并做成一活头塞入座板上面绳根的下边，收紧即成，如图 1-36 所示。

3. 系结要求

小艇结系结要求活头不宜留得太短，以防受力后滑脱。

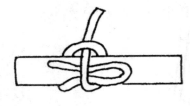

图 1-36　小艇结

三十一、绳花结

1. 用途

绳花结用于连接两条大缆，或临时连接断缆。

2. 系结方法

先将一端绳索做一交叉眼环，再将另一根绳端放在眼环上面，然后在眼环的绳根上一上一下绕眼环一周后穿出，收紧即成，如图 1-37 所示。

3. 系结要求

打绳花结时，绳头不宜留得太短，以防绳子受力而使绳头滑脱。

图 1-37　绳花结

三十二、瓶口结

1. 用途

瓶口结用于系结各种瓶类的瓶颈或类似物体。

2. 系结方法

做两个相对称的绳圈,两绳圈相邻的边 A 绳圈压 B 绳圈后,B 绳圈再压 A 绳圈,引大圈的中间绳 D 点向下,从 A、B 两绳圈交叉的中心孔向上穿出,调整绳圈即成,如图 1-38 所示。

3. 系结要求

瓶口结系结要求打法准确,使用时各股绳索必须拉紧。

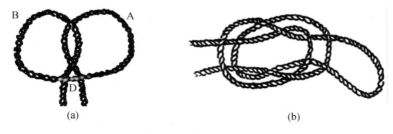

图 1-38　瓶口结

三十三、桅顶结

1. 用途

桅顶结用于竖起或固定长形物体。桅杆顶端系上此结,其绳索用作临时支索和稳索。

2. 系结方法

将绳索从左到右绕 3 个绳圈,依次交叉压住前一圈的右边,第 1 个和第 3 个绳圈的内边相交,然后分别向两侧与各绳圈交压后拉出,第 2 个绳圈也向上拉出,形成 3 个突出的绳圈,连同两个绳头(可接成一绳圈),可在左右前后共连接 4 根拉绳或稳索,如图 1-39 所示。

3. 系结要求

在使用桅顶结时,应将绳索都拉紧。

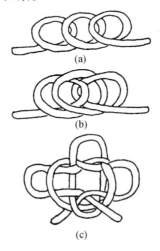

图 1-39　桅顶结

以上介绍了船上常用绳结的用途、系结方法和系结要求。因为同一个绳结可能有多种打法,且各个绳结的用途也不仅限于以上所述,所以,在绳结的系结和使用上应在熟练掌握每个绳结的基本特点、打法、要求和注意事项的基础上灵活运用、举一反三、融会贯通。

第三节　常用编结

船舶工作中,往往会需要使用绳索进行一些编结,以保证船员操作安全,如握索结、救生索中结、三股花箍、四股花箍、撇缆头结等。

一、握索结

握索结又称扶索结,是舷梯扶手绳、软梯绳或垂索末端的一种绳头结,可防止绳头从孔眼中滑脱。为了牢固、美观,编结时应保持花股间隙均匀、紧密。

1. 准备工作

在距绳端约6倍周长处,用帆线或胶带临时扎牢,并将各股绳头用帆线或胶带扎好。

2. 编结方法

(1)如图1-40(a)所示,先将松开的绳头朝上,让各绳股自然向下弯垂。任取一绳股为第1股,按逆时针方向,依次为第2、3股。将第1股按逆时针方向,从下向上绕绳弯,放在第2股和第3股之间;按此编法,依次将第2股放在第3股和第1股之间,第3股放在第1股和第2股之间。然后将各绳股向上收紧。

(2)如图1-40(b)所示,任取一股为第1股,按逆时针方向,依次为第2、3股。将第1股按逆时针方向,向下绕绳弯,放在第2股和第3股之间,留下一小绳弯;第2股按逆时针方向,压住第1股,绳头放在第3、1股之间;第3股按逆时针方向,压住第2股,绳头从第1股留下的小绳弯中向下穿出。将各绳股向下收紧。

(3)如图1-40(c)所示,任取一股为第1股,按逆时针方向,依次将各股顺着各自左边一绳股绕绳弯,然后从下向上穿过一横交绳股。第3股应穿过两股平行的横交绳股。将各绳股向上收紧。从第三步起应用木笔配合编插。

(4)如图1-40(d)所示,任取一股为第1股,按逆时针方向,依次将各股顺着左边一绳股绕绳弯,然后从一横交绳股与一对平行绳股交会处向下穿出,第3股应从两对平行绳股的交会处向下穿出。将各绳股向下收紧。

(5)用木槌敲实、敲圆,割去多余的绳头,如图1-40(e)所示。

3. 编结要求

握索结编结应紧密、平整、光滑、美观。

二、救生索中结

垂挂于吊艇架横张索上的救生索,从连接眼环起,自上而下,每隔50 cm应编一个救生索中结,供船员在降落中握扶之用,或在开敞式救生艇艇外两侧的救生索上编一个救生索中结,供救生艇翻覆扶正之用。

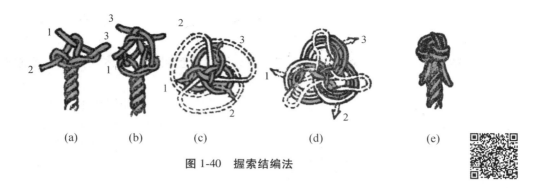

图 1-40　握索结编法

1. 准备工作

先在救生索上的编结处做上记号。每个救生索中结需用两根编结绳。编结绳可选用直径与救生索的各股相同或相近的纤维绳,裁剪出长度约 80 cm 的索股,其两端应用帆线扎好绳头。

2. 编结方法

(1)如图 1-41 (a)所示,用木笔挑开救生索上编结处的绳股,将备妥的两根索股穿入,调整 4 个绳头使之等长。

(2)任取一股为第 1 股,按逆时针方向的顺序依次分为第 2、3、4 股,按照编握索结的 4 个步骤,将 4 条索股编在救生索的外围,像编个花籚,如图 1-41 (b)所示。

(3)最后将各股绳头向下收紧,并用木槌敲实、敲圆,割去多余的绳头,如图 1-41(c)所示。

3. 编结要求

编结救生索中结时应按自上而下的顺序进行,使每结的绳头朝下,绳结要收紧,各股的间隙要均匀。

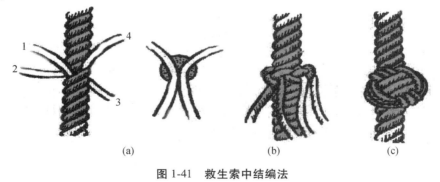

图 1-41　救生索中结编法

三、三股花籚

三股花籚可用来籚紧圆形物体。它编在圆木碰垫或橡胶管上,能起衬垫和加固作用;编在栏杆圆柱上,还可以起装饰作用。

1. 准备工作

准备一根直径小于被编结物体直径 1/10 的编结绳。其长度是被编结物体周长的 10 倍以上。

2.编结方法

此编结可直接编在物体上，也可先在手中编结然后套在被箍物体上。以在圆柱物体上编结为例：

（1）将编结绳放在圆柱物体上，外端绳长，内端绳短，拿起外端绳由上往下绕后向左压住内端绳，再绕一圈，接着由下往上从交叉在前面的内端绳下穿出，如图 1-42(a)所示。

（2）把穿出的绳头稍拉向内端，然后将绕在圆柱上左边的绳圈从左向右压在右边的绳圈上，右边的绳圈在左边的绳圈下从右向左移到左边。用原来外端绳的绳头，从左向右穿过并移到左边的绳圈，如图 1-42(b)、(c)所示。

（3）把绕在圆柱上右边的绳圈从右向左压在左边的绳圈上，左边的绳圈在右边的绳圈下从左边向右移到右边。仍用外端绳头从右向左穿过并移到右边的绳圈，如图 1-42(d)所示。

（4）如被编箍物体较粗大，可照上述方法左右再穿插一次，直到两边绳头碰头穿过为止，如图 1-42(e)所示。

（5）再用内端或外端绳头，各顺着左右相邻的绳索，平行跟着穿插，直至各箍绳索均穿过 3 股并平行为止，如图 1-42(f)所示。

（6）依次收紧多余绳索，割平塞进花箍内即成。

为了美观，可增长编花箍绳的长度，以便增加花束，即在第 3 股围绕第一股穿插时多穿几次，直至绳端与绳根在被箍物体上相遇。

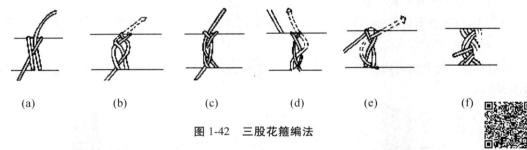

图 1-42　三股花箍编法

3.编结要求

在顺绕穿插过程中，各绳股应保持平行，不可互压；注意调整各绳股的间隙，以保持被箍物上的绳股分布均匀；随着各股穿绕道数的增加，花箍越编越紧，较难穿插，应借助木笔、弯嘴铁笔等工具，尽量收紧各绳股，使之紧贴在被箍物体上。

四、四股花箍

四股花箍用于箍紧木碰垫、橡胶管等，或装饰圆柱形物体。

1.准备工作

准备一根直径小于被编结物体直径 1/10 的编结绳。其长度是被编结物体周长的 10~14 倍以上。

2.编结方法

（1）将编结绳放到被编结的圆柱物体上，将绳端绕物体一圈后从右向左压在绳根上，构成第 1 个交叉,继续将绳端由左向右从第 1 圈绳干下面穿过,构成第 2 个交叉,如图 1-43(a)所示,再继续将绳端由右向左压在第 1 圈绳干上,构成第 3 个交叉。

(2)将绳端由下向上从两圈构成的第 1 个交叉下面穿过,经过第 2 个交叉上面,如图 1-43(b)所示,再从第三个交叉下面穿过,置于绳根左侧。

(3)将绳端由左向右从第 2 圈绳干上面经过后,再从第 1 圈绳干下面穿过,构成第 1、2 花,如图 1-43(c)所示。

(4)将绳端由右向左从第 3 圈绳干上面经过后,再从第 2 圈绳干下面穿过,压在第 1 圈绳干上面,构成第 3 花,如图 1-43(d)所示。

(5)将绳端由左向右从第 3 圈绳干下面穿过,经过第 2 圈上面后,在第 1 圈绳干下面与绳根相交,构成四股五花花箍,如图 1-43(e)所示。

(6)将 5 花花距调整均匀,适当收紧各股后,将绳端与绳根保持平行,沿着绳根走向编穿 4 圈或 8 圈,使每股都有 2 根或 3 根平行的绳子,即完成四股五花花箍的编结,如图 1-43(f)所示。若被箍物体的直径比较大,五花过稀时,可在编完第一步时,将绳端再绕第 1 圈绳干 1 圈,即构成第 5 个交叉,而后按第 2、3、4 等步编法穿编即成。编成后为四股九花花箍。

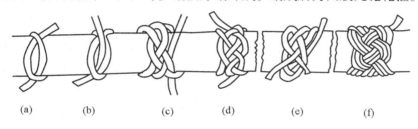

图 1-43　四股花箍编法

3. 编结要求

四股花箍的编结要求与三股花箍相同。此编结可直接编在被箍物体上,也可在手中编结,然后套在被箍物体上。

五、撇缆头结

撇缆头结用于包缠撇缆头,船舶撇缆,包缠要紧密、均匀美观。

1. 准备工作

准备一根直径在 5 mm 以下,且长度约 4 m 的绳子。

2. 编结方法

手心向里,手背向外,将绳子在手上按顺时针方向绕 4 圈,将绕好的绳圈从手心中脱出转向,按逆时针方向在绳圈上再绕 4 圈,接着把绳子在已绕的十字形绳圈的左右空隙中按逆时针方向穿 4 道,然后将准备好的沙袋放入中间,依次将每股绳子都收紧,并排列整齐,最后将两绳头打结即成,如图 1-44 所示。

3. 编结要求

撇缆头结编结要求排列整齐平整,每股绳都收紧。

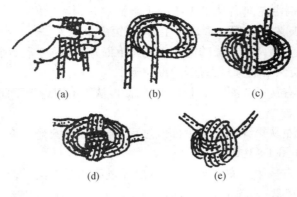

图 1-44 撇缆头结编法

第四节 缆绳插接

缆绳索具作业中,绳结常用在需要解开的地方,而编结和插接常用在长时间不需要解开的地方。缆绳插接应做到正确、牢固、紧密、平整和美观,同时还要注意插接的适用性和经济性。

一、三股纤维绳插接

（一）准备工作

三股纤维绳插接所用的工具主要有木笔、水手刀或剪刀、木槌及扎绳头的帆线等,如图 1-45 所示。用帆线或胶带将各绳股绳头扎牢,将绳头松开 4 花,如需收尾则松开 6 花。

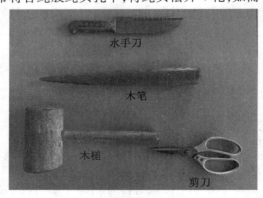

图 1-45 三股纤维绳插接所用工具

（二）插接方法

1. 绳头反插接

船上广泛使用的三股纤维绳大多数是右搓拧绞绳,为防止绳头散开,可将绳头进行反插接。

首先,用帆线将各绳股绳头扎牢,各股松开至少 4 倍缆绳周长的长度或至少松开 4 花（扭绞一次为1花)供插接用。

　　插接时,如图1-46所示,先用左手握住绳头,将松开的绳头朝上,让各绳股自然下垂。任取一股为第1股,其他按逆时针方向依次为第2、3股。第1股按逆时针方向做绳弯,绳头向下,放在第2股和第3股之间,第2股压住第1股,绳头向下放在第3、1股之间,第3股压住第2股,绳头向下从第1股留下的小绳弯穿过,顺着各股绳头向下依次抽紧形成冠状,使各股紧密地交压在一起。三股纤维绳插接是反插法,即逆着绳股的搓向压1股插1股。插接时,任取1股作为第1股,逆绳搓方向,向前压1股插入相邻的绳股中,收紧。依次将第2、3股按上述方法插入、收紧,为1花,共计插3花。最后用木槌将插接部分敲实、敲平,各绳股留下绳尾1~2 cm,割去余尾绳,作业完毕。

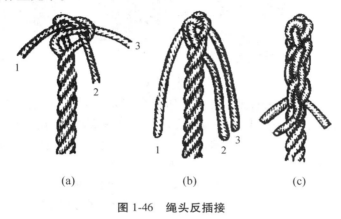

(a)　　　　　　　(b)　　　　　　　(c)

图 1-46　绳头反插接

2. 眼环、嵌环的插接

　　插眼环(琵琶头)的主要用途是便于缆绳与卸扣、钩子等索具相连接或者便于将缆绳套在缆桩上。

　　首先在距绳端5~6倍缆绳周长处,用帆线扎好绳头。量取眼环所需的绳长,并做好标记。

　　插接时,如图1-47所示,将绳头各股松开4~6花,顺着搓向分别称为第1、2、3股。按照所需索眼大小,右搓绳绳头按逆时针方向弯成1绳环后,绳头与绳根摆平,绳头最上面1股为第

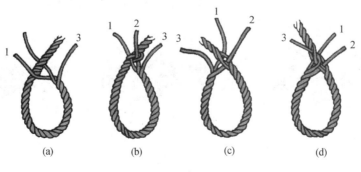

(a)　　　　　(b)　　　　　(c)　　　　　(d)

图 1-47　插眼环

　　2股,逆搓向插进绳根的最上面1股,第1股逆搓向插进绳根上第2股所插过的后面的1股,然后把绳子反过来,第3股逆搓向插入相邻绳根的绳股中。3股插毕,检查一下,如果3股分别从绳根的3个股缝中穿出,即起头正确。收紧,使其靠贴,之后压1股插1股,逆搓向再插

2 花,即共插 3 花后割去多余的绳头。如作带缆用眼环,收尾应做成宝塔形,以便顺利通过导缆孔。可以将 3 股中任意 2 股,一股再插 1 次,另一股再插 2 次。

在船上工作的过程中,有时需要插嵌环(心环、套环),如图 1-48 所示,即在眼环中加一嵌环,使眼环坚固耐磨。选配的嵌环,其绳槽宽度应比缆绳的直径大 0.5~2 mm,缆绳直径大的应取大的差数。在距绳端 6 倍缆绳周长处,用帆线临时扎牢。用帆线扎好各股绳头,将各绳股松散开 4~6 花。

图 1-48　插嵌环

将松开的绳头分成 1、2、3 股,把心环的绳槽套在绳头上,使心环的开口一侧与第 1 股根部对齐,将绳头按逆时针方向弯成绳环,并保持绳环内缘紧贴着槽底,在心环开口处的另一侧槽底对准的根股上做好标记作为第 1 股的插入位置(注意绳头与绳干要平顺在一个平面上)。用小绳将心环绑扎在绳子上,心环的末端开口处正好在第 1 股被插入的位置,以便插得紧密平整。将第 1 股横向通过心环开口逆绳搓向插入做好标记的绳股中;把第 2 股压住第 1 股向前插入 1 股,再将眼环反转过来将第 3 股逆绳股反插入相近的绳股中;将各插入股抽紧并调整平顺,使绳索与心环绳槽紧密贴靠,心环在绳子的眼环里牢固不松动;然后任取 1 股依照插接眼环的方法,逆向压 1 股插 1 股,共计 3 花,收尾。去掉多余绳头,松开固定心环的小绳,插接完毕。

3. 短插接

短插接主要用于连接两根同样粗细的三股纤维绳,用这种方法插接的绳子比用绳结连接的要牢固、耐用,但插接部分绳径增大,不能做辘绳,而且绳索的强度会下降 1/10。

插接前,先把两绳绳头松开 4~6 花,用帆线扎好绳头,如图 1-49 所示。

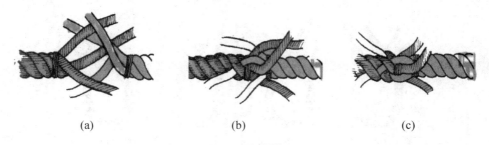

(a)　　　　　　　(b)　　　　　　　(c)

图 1-49　短插接

将两端绳头松开的各股自然分散,相对插入对方的股缝中,收紧并使两绳交接紧凑;然后可以从任一端开始插接(将另一端先用小绳临时固定好),按照压 1 股插 1 股逆向插接的方法,将 3 股绳股各插入一次后尽量收紧,并使其受力均匀,再将各股依次插入 2 花(共计 3 花);接着,松开另一端临时固定的小绳,再收紧,调整各股受力紧凑。按上述方法依次将各绳股插完 3 花。最后用木槌将插接部分敲实、敲平,将各股绳头留下 2 cm 左右,割去余尾绳,完成作业。

4. 长插接

长插接用于连接同样粗细的两绳,这种接法可使缆绳的粗细保持不变,还可使缆绳通过滑轮,但牢固性比短插接的缆绳差。

插接前,用帆线或胶带把两绳各绳股的绳头扎牢,两根绳的绳头各松开 6 花,或绳索周长的 8~12 倍长度,按短插接起头方法,两绳头相对收紧,起头结束。取其中任意相对一组,打一个半结收紧。取另外相对一组,将其中 1 股松开,所留空隙用另一端的绳股填补,这样一松一填,直到留有插接余地处止。之后将两绳股打一个半结后向前压 1 股插 1 股。再取最后相对一组用上述方法向另一端一松一填,直到留有插接余地处止。然后将两绳股打一个半结后各向前压 1 股插 1 股。再照上述方法,将各绳股每插一次抽出绳股 1/2,收尾。最后将多余各段绳股绳头割开,用木槌敲平即成,如图 1-50 所示。

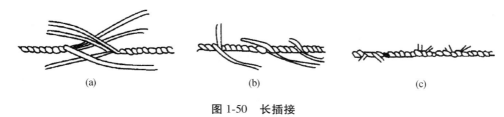

(a)   (b)   (c)

图 1-50 长插接

（三）插接要求

（1）截断绳股前,将各绳股用帆线或胶带扎紧,防止松散和妨碍插接作业的进行。

（2）丈量好插接尺寸,在插接处做好标记。

（3）应将木笔插入绳股之间,一定要防止将木笔插进股芯中,否则不但更费力,还会破坏绳股的紧密度。

（4）木笔退正后,绳股应及时插入绳股之间的缝隙,各股必须收紧、敲顺,花纹不可过长;插入木笔时,应用脚踩紧上一个插入股,以防止其松散。

（5）插接应平整美观,各股受力均匀,股纹短、紧,笔数足,尾股余留长度符合要求。

二、钢丝绳插接

钢丝绳插接是船上甲板作业中经常进行的一种技能操作。钢丝绳插接作业比较复杂,技艺性较强,要求插接牢固、紧密、平整、美观。

目前,船上经常采用的插接工艺是顺插,也就是将插接的绳股顺着被插绳股的搓向插入。

（一）准备工作

在开始进行插接工作前,根据作业量的大小和具体要求,做好工具、物料和劳动保护用品的准备工作。

1. 插接工具

主要插接工具如图 1-51 所示(图中未全部展示)。

（1）铁笔:有扁插笔和圆插笔,主要用来进行插接作业。

（2）手锤:有奶头锤和大锤,用来敲砸平整插接绳股。

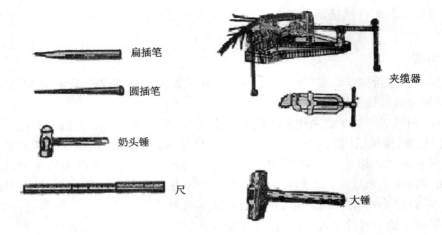

图 1-51　主要插接工具

（3）液压钢丝钳（或无齿锯）：主要用来切断钢丝绳。

（4）钢丝钳剪：用来剪断钢丝股。

（5）卷尺或木尺：用来丈量钢丝绳或量取所插眼环（琵琶头）的尺寸、规格。

（6）夹缆器：用来将钢丝绳插接处夹制紧密，以便于操作。

（7）专用工作木凳。

（8）剪刀：用来剪断帆线或油麻绳。

（9）油麻绳：切断钢丝绳前，用油麻绳将断口两端系实，以防止钢丝绳松散。

（10）帆线：用来绑扎各股钢丝端部，以免松散而妨碍插接作业。

（11）棉纱或破布：抹掉钢丝表面的油污，以便于作业。

2．劳动保护用品

（1）防护眼镜：作业时一定要戴，可防止钢丝断头或钢丝弹伤眼睛。

（2）皮手套：船上进行钢缆作业的劳保手套。

3．切断钢丝绳操作

（1）切断钢丝绳前，在切断处两端各留出 10 cm 左右的长度，并各用油麻绳扎紧，以防止切断后钢丝绳松散。

（2）切断钢丝绳时，必须戴防护眼镜，以避免钢丝弹伤眼睛。

（3）使用液压钢丝钳时，先检查液缸油是否充足，松放阀是否扭紧。当钳刃咬紧钢丝时，应紧压几下，使其断开，防止钢丝断渣太多，飞溅伤人。

（4）如果使用无齿锯（砂轮切刀）切断钢丝，一定要先将需要切断的钢丝绳按要求固定好。启动电源砂轮旋转着慢慢接触钢丝，触到后，慢慢压紧钢丝进行切割，一旦开始切割就不要再抬起砂轮，以避免砂轮或钢丝伤人。

（5）无论是用液压钢钳操作还是用无齿锯操作，都要配合好，按技术要求操作，以确保安全。

（二）插接方法

根据钢丝绳的使用要求进行插接，要求不同，插法也不同，主要有以下 3 种插法。

1. 起头法

(1)"二、四"起头法：在被插绳上用铁笔将 6 股钢丝绳插开，4 股在上，2 股在下，绳芯在上。将插入股 1~4 股从同一股缝插入，依次隔一根股穿出，形成"同孔进，异孔出"，如图 1-52 所示。钢丝绳端部做眼环一般采用此起头法。

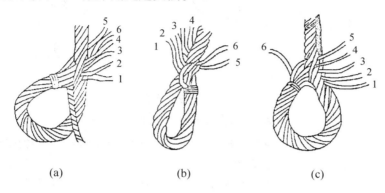

图 1-52　"二、四"起头法

(2)"三、三"起头法：在被插绳上，用铁笔将 6 股钢丝绳插开，3 股在上，3 股在下，绳芯在下。将插入股 1~3 股从同一股缝插入，依次隔一根股穿出，形成"同孔进，异孔出"，如图 1-53 所示。钢丝绳做静索眼环时，一般采用此起头法。

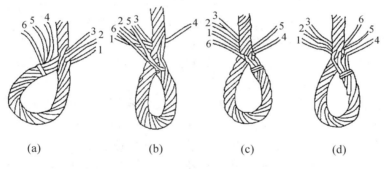

图 1-53　"三、三"起头法

(3)"一、五"起头法：在被插绳上，用铁笔将 6 股钢丝绳插开，5 股在上，1 股在下，绳芯在上。将插入股 1~5 股从同一股缝插入，依次隔一根穿出，形成"同孔进，异孔出"，如图 1-54 所示。同样粗细的钢丝绳相接使用此起头法。

2. 插接法

(1)暗双花插接法：压 1 股、插 2 股，右向捻制钢丝绳是向左压 1 股，向右插 2 股。

(2)明双花插接法：压 2 股，插 2 股，右向捻制钢丝绳是向左压 2 股，向右插 2 股。

(3)单花插接法：压 1 股，插 1 股，右向捻制钢丝绳是向左压 1 股，向右插 1 股。

3. 收尾法

(1)暗双花收尾法：将插入股 1、3、5 股丢掉，插 2、4、6 股，即将 1、3、5 股不插切断，将 2、4、6 股各插一笔(船上较多采用这种方法)。

(2)单花跑插收尾法：在单花跑插中，将 1、3、5 股连续跑插 4 花，2、4、6 股连续跑插 5 花，

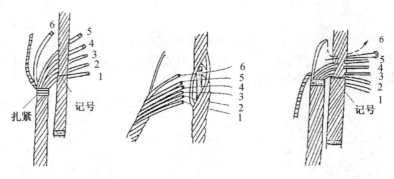

图 1-54 "一、五"起头法

或者 1、4 股连续跑插 4 花，2、5 股连续跑插 5 花，3、6 股连续跑插 6 花。

（3）剥皮去芯插皮收尾：插接花数完成后，将每股的钢丝外层剥开，去掉里芯，用外层插单花 2 花及 1 花暗双花，最后把里芯钢丝剪断。

收尾的目的是将插接的尾部直径逐渐地缩减过渡到接近被插绳的直径，以便于穿引滑车等处使用。

（三）钢丝绳插接操作

1."二、四"起头法双花插眼环（琵琶头）

"二、四"起头法双花插眼环（琵琶头）的用途是将钢丝绳端作眼环用。

（1）准备工作：在绳端 10 倍周长处，用油麻绳扎紧，将钢丝绳股松开，擦去油渍，每股绳头用帆线扎紧。根据所需眼环大小在钢丝绳上做出标记。

（2）在标记处用铁笔插入，4 股在上，2 股在下，绳芯在上。从外向里依次将第 1、2、3、4 绳股从第 1 股同孔穿进，异孔穿出，起头完成。

（3）铁笔在第 4 绳股穿出孔插入，并挑起 2 股绳，将第 5 绳股在铁笔剖开处插入并收紧；铁笔在第 5 绳股中插入并挑起 2 股，把第 6 绳股在铁笔剖开处插入并收紧；铁笔在第 6、1、2、3 绳股缝中按顺序插入 2 股，把第 1、2、3、4 绳股在铁笔剖开处按顺序插入，这样暗双花 1 花完成。铁笔仍按暗双花顺序继续插入，此时改为明双花，明双花需插 2 花后收尾，最后用手锤敲打平整，把多余的绳股切断。

2."三、三"起头单花跑插钢丝绳眼环

"三、三"起头单花跑插钢丝绳眼环的用途是用作静索眼环。

（1）准备工作同"二、四"起头法双花插琵琶头。

（2）铁笔在记号处插入，3 股在上，3 股在下，绳芯在下，用"三、三"起头法把第 1、2、3 绳股依次插入并收紧，铁笔在第 3 绳股穿出孔插入，按钢丝绳搓向转动，每转动 1 圈，第 3 绳股与铁笔相对剖开处插入；然后倒回铁笔，第 3 绳股同时倒回拉紧，插到要求笔数后，把铁笔拔出。按同样方法将第 2、1 绳股插至所需要的笔数。插第 4 绳股时，铁笔在第 3 股右边（前面）相邻的一股插入，同时把油麻芯压在铁笔下面，压油麻芯时可把铁笔向前推，这样有利于把油麻芯压下。油麻芯嵌入钢丝绳中间的方法：一是跟第 4 笔一起跑插进去；二是把油麻芯用铁笔倒入钢丝绳中间后再插第 4 绳股。插完第 4 绳股后，依次把第 5、6 绳股插完至所需要的笔数。用木槌把插接处敲打平整，再将多余的绳股切除。

3."一、五"起头双花短插接

"一、五"起头双花短插接的用途是将同样粗细的钢丝绳相连。

(1)准备工作:先把两根钢丝绳头相对平行排列,左边一根钢丝绳在距离绳头12倍于绳的周长处,用油麻绳扎紧,散开各股,擦去油渍,各股绳头用帆线扎紧;右边一根钢丝绳绳头暂不散开,应用油麻绳扎紧,并在距离绳头12倍于绳的周长处做一个记号,把两根钢丝绳相对放好,左边的一根放在里边作为被插接绳。

(2)将铁笔在被插接记号处插入,结束后敲紧。将铁笔在第5绳股穿出孔处向左插入2股(暗双花),把第6绳股在铁笔剖开处插入,异孔穿出。将铁笔在第6绳股缝中向左插入2股,将第1绳股在剖开处异孔进,异孔出,然后把各股一并敲紧。继之各股插法同"二、四"起头法双花插眼环一样,暗双花1花,明双花3花,然后收尾(可采用暗双花收尾法)。

(3)转过左边钢丝绳,解开原来右边钢丝绳的绳头,散开各股,做好准备工作并解开已插接钢丝绳上的油麻绳。

(4)把散开绳股右边的一股作第1绳股,将铁笔在第6绳股穿出孔插入2股,把第1绳股从外向内在铁笔剖开处插入,异孔进,从第6绳股同孔穿出(用暗双花),不需要再"一、五"起头。

(5)照上述方法,插完暗双花1花、明双花3花,收尾可采用暗双花收尾法。用手锤从插接中间向两边敲打,使插接处更为平整,最后切断多余的绳股。

4.钢丝绳长插接

钢丝绳长插接用来接长钢丝绳并能使插接处通过滑车。其特点是插接后钢丝绳的粗细变化不大,但插接处强度损失较大,一般较少采用。

将各股端用帆线扎牢,以相近两股为1组,分为3组,松开约3.5 m,剪去绳芯,将3组依次排列成三角形后,使两端6组互相对应交叉,每组都插入另一端的组缝中,收紧各组。接着取相近的两组,将其中一组松开,所留空隙用另一组填补,一松一填至2.5 m处停住。取另相近的两组,用上述方法向另一侧一松一填至2.5 m处停住。继而将各组中相对的两股分为一组,用单股分别向两侧一松一填至每组相距约1 m,将6组各打一半结后收紧。接着每股分为3小股,都逆着股绞压1股从同1股缝中插入,3个股缝中穿出后再各压1股插1股。最后将剩余的股端从根部剪断,如图1-55所示。

5.嵌环插接

嵌环插接主要用在静索两端和千斤索端等处,以及长期受力较大的钢丝绳索处。其插法与眼环插法基本相同,不同的是:

(1)要选配好与钢丝绳相匹配的嵌环,即钢丝绳的直径与嵌环槽的直径要匹配。如果将所插接钢丝绳缠上油麻绳的话,还应考虑缠上油麻绳后钢丝绳直径的变化值,避免出现较大误差。

(2)为防止钢丝绳与嵌环间缝隙存水摩擦生锈,往往在钢丝绳与嵌环槽接触段缠上油麻绳,缠的油麻绳长度习惯上用嵌环在钢丝绳上转动量取。

(3)钢丝绳眼环内有嵌环,故眼环插得大小一定要合适,如果环大了嵌环就会松动脱掉;环小了,钢丝绳各股就可能强制受力变形、松散,影响强度和美观,因此选好第1笔下笔的位置和插好第1绳股是保证插接质量的关键因素之一。

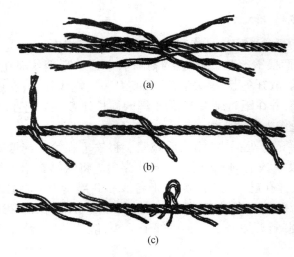

图 1-55　钢丝绳长插接

（4）为了使嵌环插接得紧固及便于工作，可利用船上配有的紧固钳，将被插的钢丝和嵌环夹紧后再插。如果没有紧固钳，可用细铁丝将嵌环固定在被插的钢丝绳上，以便于操作。

（5）无论采用哪一种起头法插接，第 1 笔一定要选在紧贴嵌环底部的被插股下笔。插接股第 1 绳股不可超出或低于平面过大，避免钢丝绳的眼环呈现扭转变形状态。

（6）当起头法的"同孔进、异孔出"插完后，一定要将钢丝绳敲砸紧凑，使钢丝绳夹紧嵌环，再一次用紧固钳或细铁丝固定好嵌环位置。紧接着下笔，必须为紧固嵌环着想，例如：用"二、四"起头法插完第 4 绳股收紧后，暂不插第 5 绳股，而先插第 1~4 绳股 1 花。插完第 1~4 绳股 1 花后，用两根铁笔挑起还没插过的第 5、6 两绳股，将绳芯绞进绳干中，绳芯的长度应至 3 花处。绳芯做成鼠尾形，用帆线扎牢。绳芯绞进后再插第 5、6 两绳股 2 花。收尾可以用暗双花收尾法或用剥皮去芯插皮收尾法，使插接处逐渐变细，收尾结束时，应将每根钢丝从根部切断，如图 1-56 所示。如果需要将插接处涂上黄油，可用包、缠方法，做好保护、防止锈蚀。

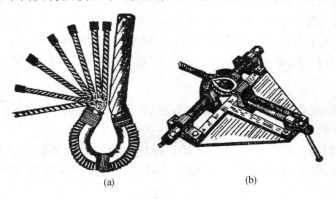

图 1-56　嵌环插接

（四）插接要求

（1）截断钢丝绳后，用尺量取好被插绳股的长度，用油麻绳在截取处扎牢、固定好。

（2）将钢丝绳被插接处及各股破解开，用棉纱或破布将其表面的油污抹干净，以便于插接作业的进行。

（3）将钢丝绳破解开的各股头端用帆线扎紧，防止松散和妨碍插接作业的进行。

（4）将作业现场清理干净，无用的物品移至别处。

（5）将插接钢丝绳与工作凳以垂直方式放置好（呈"T"字形）。

（6）量好插接尺寸，在插接处做好标记。

（7）工作人员站在工作凳（钢丝绳）的右下角。将钢丝绳被插的绳端按顺时针弯转至插接处，选好平整面的插接点，选好1~6股的排列顺序。

（8）插入铁笔时，将笔尖以合适的角度切入两绳缝之间，全身用力。

（9）铁笔插入绳股之间时一定要防止插进股芯中，否则会很费力并会破坏钢丝绳的紧密度。

（10）各绳股插入后，必须收紧、敲顺，花纹不可过长，插入铁笔时，应用脚踏紧上一个插入股，防止其松散下来。

（11）如果插接时，插入股端原来扎紧的绳头散开了，应立即将其再扎紧一次，否则会妨碍插入股的穿插或刺伤手脚。

（五）注意事项

钢丝绳的填、包、缠作业主要指在静索等处，经过嵌环插接后，为了防止渗水锈蚀，将钢丝绳进行"填、包、缠"防护作业。

1. 作业前的准备工作

（1）备妥与钢丝绳股缝粗细相同的油麻绳6根。

（2）备妥所需包缠的布或细帆布。

（3）备妥所需缠绕的油麻绳。

（4）备妥专用的木槽槌（或称卷缠槌）。

（5）备妥黄油。

（6）备妥棉纱手套。

2. 作业程序

（1）将所需"填、包、缠"的钢丝绳拉直、松解扭劲，将插接部位敲砸平整，剩余的尾股不要太长。

（2）将被"缠"部位涂上黄油，涂油部位前后略长于插接部位。

（3）将备好的6根填缝细绳取来，用绳结固定在插接部位（涂抹黄油部位）的上方，然后顺着钢丝绳纹路绞缠进股缝中，将股缝填平，填缝绳一定要拉紧并顺劲牢固地填缝。

（4）取包缠所需的布条，自填缝绳上方开始以螺旋包扎的方式紧紧地包缠好整个部位，用帆线扎牢，固定好包缠布的上下部位。

（5）使用缠绕的油麻绳。首先从包缠部位细的一端开始，固定好缠绕的油麻绳头，先把绳头端紧紧地缠压8~10圈，然后用专用的木槽槌由细端向粗端一股挨一股紧密地逆插股纹缠绕至终端。

（6）收尾时，应将油麻绳缠到头，然后临时固定好所缠部位的油麻绳，将手中油麻绳卷松开8~10圈，将油麻绳卷从所松开的绳圈穿过并依次收紧各圈即成。

三、八股编绞化纤绳的编插

八股编绞化纤绳由于具有柔软、操作方便、强度较好等特点，已广泛用作船舶的系泊缆。值班水手应掌握八股编绞化纤绳的插接技能。

八股编绞化纤绳是由分为四组的八股绳股构成的，每组两股平行，其中两组为右搓绳，另两组为左搓绳，在两组右搓绳和两组左搓绳中各有一组是向右编的，另一组是向左编的。在八股编绞化纤绳插接中，刚开始（起头）时都是一组一组的，即插双股（又称插双花或组插组）。起头后可以继续双股，也可以一股一股插，即插单股（又称插单花或股插股）。为了能顺利地完成插接工作，在插接前还应准备好大木笔、木槌、水手刀、大功率电烙铁、帆线或小绳、胶布等。插接时要力求做到：绳股平整紧密，绳花外形美观。

（一）编结方法

通过仿编八股编绞化纤绳，可进一步熟悉其结构特点，从而掌握它的插接方法。

将 8 根等长的绳股（图中由 4 根对折而成）分成 4 组，每组有两根平行的绳股。左边两组固定作为右搓绳组，A 组为左外组，B 组为左内组；右边两组固定作为左搓绳组，a 组为右外组，b 组为右内组。如图 1-57（a）所示，b 组压在 B 组上面，应从左边的 A 组开始编：

（1）将 A 组从左向右，从 a、b 两组中间，先自下而上，再从上向下压住 b 组，然后拉回左边放在 B 组右侧，成为新的左内组，如图 1-57（b）所示。

（2）将 a 组从右向左，从 B、A 两组中间，先自下而上，再从上向下压住 A 组，然后拉回右边放在 b 组左侧，成为新的右内组，如图 1-57（c）所示。

按照上述编法，接着轮到 B 组编，B 组编法如图 1-57（d）所示。然后轮到 b 组编，照此顺序，左右轮流编，每编一次，各组由外组变成内组。如此反复进行就可仿编成八股编绞化纤绳。

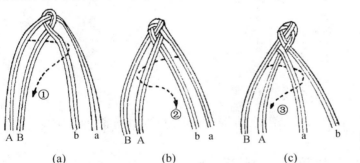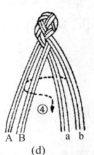

A B   b a   B A   b a   B A   a b   A B   a b

（a）   （b）   （c）   （d）

图 1-57　仿编八股编绞化纤绳

在编制过程中，各组每编一次，两股应平顺地转过 360°，同时应将绳股拉紧，以保持同组两绳股平行，缆绳结构紧凑，各股受力均匀，花纹平顺，绳股排列整齐且有规律，间隙匀称。

（二）插接方法

眼环（琵琶头）主要在船系泊时作带缆套环用。

1. 八股编绞化纤绳眼环双股顺插接

插接方法：先量出眼环的大小和下笔的部位，并做一记号，距绳头 4~5 倍绳周长处用小绳扎紧，将每组双股绳头用细绳或胶布缠紧，然后按 1、2、3、4 组分好，如图 1-58 所示。

　　把搓向一致的1、2组放在一边,搓向一致的3、4组放在另一边。将1、2组压在被插接绳与第1、2组搓向一致的绳股上穿出,再把3、4组压在被插接绳与第3、4组搓向一致的绳股上穿出,即搓向一致的插接绳与搓向一致的被插接绳同孔穿出。把琵琶头翻转180°,将第1组插接绳沿其下面的被插接绳向前插1股,再将第3组按上述方法同样穿插一次,这时1花插毕。按照上述方法,4组插接绳再插2花、3花……,最后用木槌将插接处敲平,割去多余的绳头即成。

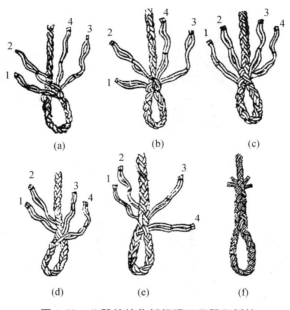

(a)　　　　　　(b)　　　　　　(c)

(d)　　　　　　(e)　　　　　　(f)

图1-58　八股编绞化纤绳眼环双股顺插接

　　2. 八股编绞化纤绳眼环双股绞插接

　　插接方法:首先,起头与前面眼环顺插接相同,然后手拿最低的1组作为第1组,以反方向穿插在它下面的绳索上;其次,穿过与之平行的两股,穿插方法与第1组相同;再次,余下的第3、4组穿插在其旁边的那股,共穿插3次;最后,用木槌敲平,割去多余的绳头即成,如图1-59所示。

　　3. 八股编绞化纤绳眼环单股绞插接

　　插接方法:起头与眼环顺插接相同,如图1-60所示,将最低的1组作为第1组,将其他组分开,以反方向逐股插在它下面的绳股上,然后穿过与之平行的两股。由于每组插接是单股插入被插接的绳中,因此为单插花。第2组的插法与第1组的插法相同,余下的第3、4组依次穿插在其旁边的那股,共3次。当3花插完后,用以上所述方法补插不齐的部分,最后敲平即成。

　　4. 八股编绞化纤绳对插接

　　用途:用作连接两根粗细相似的八股编绞化纤绳。

　　插接方法:如图1-61所示,将两绳各股松开4~5倍绳周长并依次排列,第1、3组向左编,第2、4组向右编,第1组在上,第4组在下,然后将两绳交叉对拢,使左1对右1,左2对右2,左3对右3,左4对右4,再将各组收紧。先插第1组和第3组,后插第2组和第4组,各组插的方向应与绳根相对且平行,并一致重叠成4股。将4组插完后收紧,用木槌敲平。

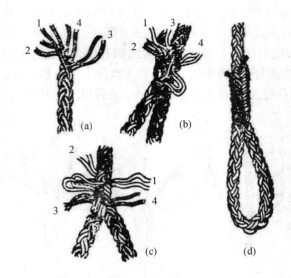

图 1-59 八股编绞化纤绳眼环双股绞插接

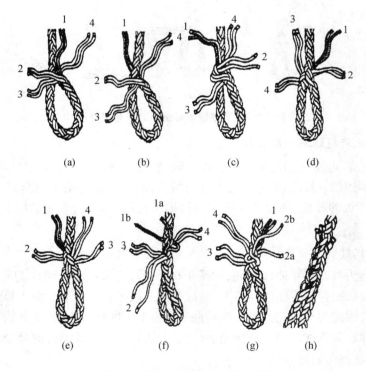

图 1-60 八股编绞化纤绳眼环单股绞插接

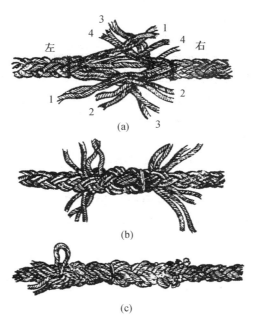

左   右

(a)

(b)

(c)

图 1-61 八股编绞化纤绳对插接

思考题

1. 试述船上常见的纤维绳的种类及特点。

2. 纤维绳的粗细是以什么来表示的？不同的表示方法之间换算关系如何？

3. 一捆纤维绳的长度通常是多少米？

4. 试述绳索破断强度和安全强度的含义。

5. 试述新纤维绳的启用方法及使用、保存的注意事项。

6. 试述船用钢丝绳的用途、种类、特点。

7. 试述钢丝绳的结构形式。

8. 试述钢丝绳粗细的表示方法。

9. 举例说明钢丝绳使用时在哪些情况下要降低强度使用。

10. 如何量取钢丝绳的直径？

11. 试述新钢丝绳的启用方法。

12. 试述钢丝绳使用与保养的注意事项。

13. 试述绳结的用途和打绳结的基本要求。

14. 试述鲁班结的用途、打法及系结要求。

15. 试述单套结的用途、打法及系结要求。

16. 试述搬缆活结的用途、打法及系结要求。

17. 试述制索结的用途、打法及系结要求。

18. 试述架板结的用途、打法及系结要求。

19. 试述松降结的用途、打法及系结要求。

20. 试述握索结的用途和编结要求。

21. 试述救生索中结的用途和编结要求。

22. 试述三股纤维绳眼环插接和短插接的不同点和相同点。

23. 插接钢丝绳前应做好哪些准备工作？

24. 钢丝绳的"二、四"起头法、"三、三"起头法和"一、五"起头法分别在什么情况下使用？

25. 钢丝绳插接方法的"明双花"和"暗双花"有什么区别？

26. 钢丝绳的嵌环插接和眼环插接有何不同？

27. 试述钢丝绳插接的基本要求与注意事项。

28. 试述钢丝绳的"填、包、缠"作业的基本要求。

29. 八股编绞化纤绳眼环插接前应做哪些准备工作？

30. 试述八股编绞化纤绳眼环插接常用的方法及基本要求。

第二章
船体保养

　　船体保养是船上一项重要的、经常性的工作,其目的是防止船体及设备腐蚀,使船舶处于良好状态,保持适航,缩短船舶修理的时间和降低船舶修理的费用,延长船舶营运年限,提高运输效率,保障船舶安全。船体保养工作主要包括日常清洁、预防锈蚀和除锈、油漆及甲板设备的活络和润滑等。

第一节　船舶清洁工作

　　船舶清洁是船体保养工作的一部分。船舶清洁与船舶环境卫生、船体美化、保持船体及设备的良好技术状况有密切关系。

一、清洁制度

　　船舶应该根据类别、航线等建立相应的清洁制度,如甲板清洁制度、货舱清洁制度、生活区清洁制度、驾驶台清洁制度、机舱清洁制度、厨房清洁制度等。船舶的清洁工作是船员对船体保养的经常性工作。清洁工作是为保护船体、舱面建筑各种设备不受损坏,使船舱适货,保持生活环境清洁卫生,保护船员和旅客的身体健康。

　　(1)船舶航行期间,每天早晨由0400—0800值班水手(副班)负责驾驶台、海图室内的清洁工作。

　　(2)靠泊期间,值班水手负责保持梯口清洁卫生。

　　(3)服务员负责内走廊、通道、梯道、餐厅、浴室和厕所等处的清洁工作。外派船舶的船长房间、轮机长房间也由服务员负责清洁。

　　(4)厨师负责厨房的清洁工作。

　　(5)轮机部机工负责机舱内部的清洁工作。

　　(6)个人居住的房间由个人负责清洁。

（7）每周船上应进行一次室外大扫除，进行冲洗、打扫和擦洗工作。

（8）雨雪后要及时清扫甲板积水和积雪。

（9）船舶在离港后应尽早进行一次清洁工作。对装运煤炭、水泥、矿石等的船舶，要进行一次彻底的冲洗和清扫。

（10）长航线的船舶，在海上航行时间较长，应在到达港口时进行一次室内外大扫除，以保持船舶整洁进港。

（11）客船上的清洁工作要求要比货船上的严格，客船每天都要进行清洁工作。甲板应每天早上冲洗一次，下午收工前打扫一次。上层建筑的白色围墙，每隔两天，用淡水擦洗一次，每隔一个月用淡肥皂水擦洗一次。

（12）船舶在港内停泊时，每日积存下来的日常垃圾和货舱内清扫出来的垃圾，应按要求分类并存放在垃圾桶内，排放给港口的接收垃圾设施或专收垃圾的船舶。有些垃圾也可待船舶离开港口和禁止排污区后，严格按照有关国际防污染规定排放入海。

二、清洁用具与用品

一般清洁用具包括手刷、长柄刷、扫帚、拖把、水桶、铁锹等，用于清洁甲板、楼道、舱室、厕所等处。

一般清洁用品包括抹布、棉纱布、旗纱、洗衣粉、去污粉（剂）、消油剂等。抹布、棉纱布、旗纱用于清洁各种设备的表面、墙面、玻璃等处。洗衣粉、去污粉（剂）、消油剂等用于彻底地清除污垢、油迹。

现代船舶内装饰比较高档，房间、驾驶台、走廊等处铺有地毯，清洁时应使用吸尘器和专用去污剂。

大型船舶在清扫货舱时，为缩短清舱时间，可使用高压水和压缩空气清洁。

三、船舶主要部位的清洁方法

1. 甲板的清洁方法

（1）铁甲板的清洁

清洁铁甲板时，首先应清理甲板上的垃圾，并按有关防污染规定处理清理的垃圾，然后使用甲板水冲洗甲板。用水冲洗甲板前应检查舱盖是否封闭水密，甲板货是否盖好，甲板上的电源插头是否盖严，住舱的窗户、舷门是否关紧，水密门窗、通风筒是否关好，以防冲洗水进入。

从事冲水清洗工作的水手应穿着雨衣和水靴，先通知机舱供甲板水，接通水龙。两名水手一组，由一名水手持水枪，冲洗甲板和上层建筑，另一名水手协助其移动、整理皮龙，还应有1~2人用竹扫帚清扫水中的垃圾，清除甲板上的积水和清理被杂物堵住的泄水孔。冲洗顺序是从船首到船尾，从上风到下风，由高到低，由舷内到舷外。上层建筑用海水冲洗后，最好再用淡水冲一遍，这会对减少钢板锈蚀起到很大作用，是保养工作的有益措施。冲洗时，要注意冲洗全面、细致，避免个别部位被疏忽遗漏。

如果有甲板设备液压管系或其他油管漏油，应立即对管系或油管进行修理，并使用防污染器材对漏出的油进行控制和清理。对于已经撒漏到甲板上的油，可播撒木屑并搅拌，木屑吸饱和后，应及时将带油的木屑收回并按规定处理。一定要把甲板上的油迹洗净，避免在港内下雨时，残油随雨水流入港池造成水面污染。如果有重油油迹，可用抹布或棉纱布蘸煤油将其擦干净。

（2）木甲板的清洁

清洁木甲板时,应先用水冲湿,撒上筛过的细沙,用长柄刷或椰子壳沿着木纹抹擦,抹擦时应保证甲板有水,然后用水冲净,最后用拖布拖干。有油污时应先用肥皂水冲刷一遍,然后用淡水冲净,最后用拖布拖干。一般是用皮龙冲洗,同时用竹扫帚扫刷。

2. 驾驶台的清洁

驾驶台需要清洁的位置主要有地面、助航仪器表面及其台面、驾驶台的窗玻璃、海图室、驾驶台外甲板及围墙。

清洁方法:桌面、书架、仪器表面用扁刷或掸子清洁,遇有污物,可以用软布蘸适合的清洗剂擦除。仪器屏幕应使用专用化学清洁剂清洁(按说明书)。驾驶台四周玻璃的外表面用专用淡水管系清洁。玻璃内面应先用湿抹布擦,然后用干抹布擦,再用干净的棉抹布擦干,之后用绸布轻擦,擦好后的玻璃洁净明亮。玻璃上如有污渍,可涂清洗剂或去污粉清除,再用绸布擦亮,也可将玻璃清洗剂喷洒在干净的干抹布上,用其擦亮玻璃。墙壁应先用肥皂水擦洗,再用干净的抹布清洁。驾驶台内的地板应用拖布清洁,如驾驶台内铺有地毯,应使用吸尘器清洁。驾驶台外两翼墙壁和地面应用淡水清洁,并及时清除积水。栏杆应用淡水冲洗后,再用抹布擦净。

3. 舱室内部及上层建筑的清洁

舱室内部及上层建筑的清洁主要是清除它们油漆表面的灰尘和污渍。对新漆和容易洗去的污渍,可用清水利用麻絮或手刷、抹布等擦洗。对污渍处,可以用调得很稀的肥皂水先刷一遍,再用清水洗净。对污渍较多不易擦洗的油漆面,应多用一些加有少量碱的肥皂水:先将刷子蘸上肥皂水用力擦洗,然后在肥皂水未干前便用抹布蘸清水(不能过多)用力抹擦,再用淡水冲洗干净。在洗刷时,要自上而下由一边至另一边地洗刷。在油漆面上不能遗留肥皂水,因为肥皂水干后会损坏油漆。对孤立状油污,可用棉纱头蘸松香水或煤油擦抹干净。当两块钢板交接处有铁锈黄水残留在漆面上时,可用麻絮蘸上细沙轻轻擦抹,然后用肥皂水洗刷,最后用清水冲洗干净。

4. 舷外船壳的清洁

船壳应先用肥皂水洗刷,再用清水刷洗。有锈水痕迹的用除锈剂刷去。舷外清洁往往在船靠泊时使用长柄刷进行,锚泊时可使用工作筏或架板进行舷外清洁。

5. 铜器与帆布的清洁

磁罗经盖和车钟等仪器以及门把手较多都是铜质的。其清洁方法是先把擦铜油涂在它们的表面,溶解铜绿,然后擦拭,使铜面光亮。如铜面有很厚的污垢,应先用砂布磨掉后再用擦铜油来擦。

帆布制品可用毛刷蘸肥皂水洗刷,但接缝处不能过分洗刷,用清水洗净以后应挂起来晒干,而不要搭在有锈的物体表面,以免蘸上铁锈。

第二节　　除锈作业

　　海船处于海洋环境中,会受到各种不同性质的腐蚀,这种腐蚀会使钢板变薄,船舶结构的强度降低,从而使船舶的使用寿命缩短。

　　金属腐蚀按腐蚀过程中的作用机理可分为四大类:化学腐蚀、电化学腐蚀、在机械因素作用下的腐蚀和生物腐蚀。化学腐蚀是指金属与腐蚀介质直接发生反应,使金属表面受到破坏。其特点是在反应过程中没有电流产生,金属和不导电的液体(非电解质)或干燥的气体相互作用。电化学腐蚀是指金属与电解质溶液(如潮湿的大气、海水、电解质溶液等)发生电化学反应,在反应过程中有电流产生。在机械因素作用下的腐蚀是指金属结构或制件在腐蚀介质和机械因素联合作用下遭到的加速破坏。联合因素往往比单个因素分别作用后叠加起来还要严重得多。生物腐蚀是在金属表面有某些微生物,由于微生物的生命活动的作用而发生的腐蚀。

　　船舶在海洋中的腐蚀是不可避免的,但其腐蚀速度则是可以控制的。及时、有效地清除金属表面出现的锈蚀是控制腐蚀、保护船体的基本手段。

一、金属锈蚀的形态

　　生锈是一种化学反应,本质上是金属的氧化反应。船舶钢板受到周围高湿、高盐介质的化学或电化学作用会产生锈蚀。由于钢板所处的位置和环境不同以及所受锈蚀的程度不同,锈蚀的物理形态也不一样,通常分以下几种。

　　1. 薄锈

　　薄锈(粉状锈、浮锈)一般产生在甲板上或新的钢板表面,不仔细检查的话不容易被发现。其涉及面积较大,但是此锈不深,为了保护钢板,清理此类锈时不必刻意用锤敲击,可用铲刀刮铲后,再用钢丝刷把表面彻底刷净即可。

　　2. 厚锈

　　厚锈("疙瘩"锈)多在不易敲铲或阴暗潮湿的地方,如花铁板反面以及一些隐蔽的电缆管上。由于保养间隔拖得过长,或船钢板应力比较集中,或接触腐蚀性物质,致使这些地方的锈蚀越来越厚,成为块状、片状。因为这些部位窄小低矮,除锈较麻烦,不容易清除干净,所以这是甲板除锈保养的重点和难点,要充分发挥手锤、铲刀、钢丝刷等各种工具的作用。这种锈最好用电动榔头先敲,然后用小榔头找补,并将周围用铲刀打平。

　　3. "斑点"锈

　　"斑点"锈("钉子"锈)一般都存在于油漆面的里面或厚锈的里面。它往往是由于在进行油漆前没有彻底除净而在钢材上留下的锈,由于油漆的掩盖,一般不易被及时发现,直到锈很深了,油漆表面有凸起现象时才被发现。其直径较小,腐蚀深度较大,严重的会造成钢板穿孔。对"斑点"锈要用榔头敲,且要敲彻底,把锈清除干净。

　　4. "太阳"锈

　　"太阳"锈的成因有两种:一种是钢板被重物冲击造成变形,变形处表层油漆被撕裂为呈一个圆点向四周放射状,海水浸入撕裂处造成的放射状锈蚀;另一种是船体钢板被外力扭曲,材质塑变,在局部形成的扇形放射锈蚀。这些锈蚀若能及时被发现,清除并不难。发现这些锈蚀后要及时用铲刀和钢丝刷清除。此类锈蚀虽然不多,但对钢板的伤害非常严重,不能不引起注意。

5.“水迹”锈

“水迹”锈一般出现在两个部件相结合的边缘或焊接后的钢板夹缝中,出现这样的情况时,应尽量用敲锈锤把缝隙的锈敲干净,使油漆尽可能多地渗透进去,对流下来的锈水不必用锤敲击,因为水锈的根源在缝隙处,直接用钢丝刷和旧布将水迹擦干净即可,留待以后涂漆。

二、除锈方法与要求

船舶在海洋中的锈蚀是不可避免的,但其锈蚀的速度是可以通过采取防护措施来进行控制的。为了防止船体锈蚀程度的进一步扩大,必须对已经锈蚀的船体部位进行除锈。

(一)手工工具除锈

常用的手工除锈工具如图 2-1 所示。手工除锈方法简便,劳动强度较大,除锈效率和质量较低,多用于机械除锈达不到的局部部位。

图 2-1　常用的手工除锈工具
1—敲锈锤;2—钢丝刷;3—刮刀;4—铲刀;5—粗纹锉刀

1.敲锈锤

敲锈锤也叫拷铲榔头,通常两端有刃,相对于操作人员,一端是横刃,另一端是竖刃,刃口约 20 mm 宽,主要用于敲除表面的铁锈、疏松氧化皮和旧涂层。还有一种一头带尖的尖头榔头,用于拷除凹陷深处的斑点锈蚀。敲锈时,手持锤柄约 1/3 处,利用手腕转动锤柄,根据锈的厚薄,适当用力,但不能损伤钢铁表面或造成锤痕。

2.铲刀

铲刀用碳钢或钨钢制作,比较锋利,主要用于铲除平面的锈、氧化皮、旧涂层和污物。使用铲刀时,使用者应双手握住铲刀,用力往前推铲。推铲时应注意铲刀面和锈蚀面的夹角,角度不合适会损伤钢铁表面且效率不高。

3.刮刀

刮刀俗称“刮刨”,一头平,一头弯,两头都带刃,用碳钢制作。平头的作用同铲刀,弯头用于刮除锈蚀和污物。还有一种尖头刮刀,用于去除缝隙中的腻子等污物。

4. 钢丝刷

钢丝刷分带柄和无柄两种。刷子端面用细钢丝串成,用于去除经其他工具刮铲后留下的锈迹和残余物。还有一种两面均带钢丝的钢丝束,用于缝隙和孔洞部位去除铁锈和污物。

5. 锉刀

一个锉刀上会有平面、三角等各种形状,其主要用于除去焊渣等突出的硬质物体。

(二)机械(电动、气动)工具除锈

常用的机械除锈工具主要指用电(电压多为 220 V,国外也有 110 V 的)或高压空气(0.4~0.6 MPa)为动力的小型电动或气动除锈工具。

1. 角磨机

角磨机使用砂轮片(增强型纤维树脂型)、钢丝刷作为除锈工件,主要用于清理毛刺、焊缝和平面除锈,角磨机如图2-2所示。角磨机除锈时,震动比较小,对周围的油漆影响也比较小。

图 2-2　角磨机

(1)使用角磨机前,应检查角磨机的外壳(保护罩)、手柄、电源线、插头、开关等是否良好,连接是否牢固可靠。

(2)作业中应用力平稳,不能猛然用力。

(3)作业中要注意使角磨片与钢板保持 15°~30° 的角度,以达到最佳除锈效果。

(4)作业中不得用手触碰砂轮等部位,一旦出现问题,应立即停机修理。

使用角磨机除锈时,有时也可将角磨机的砂轮换成钢丝轮刷,用于小面积和凹面除锈,可去除凹陷处的锈蚀和污物。

还有一种采用砂布作表面处理工件的往复式电动打磨器,可用于旧涂层打毛或去除旧漆皮。

2. 气(电)动针束除锈器

气(电)动针束除锈器主要用于焊缝、螺栓、边角和孔洞等处除锈、去除漆皮和污物。其依靠针束的往复和旋转运动,可高效处理凹凸不平的生锈面。其针束有长短和粗细之分,可根据实际需要选用。气动针束除锈器如图2-3所示。

使用气动工具除锈的动力来自空气压缩机,一般传统空压机压缩出来的气源大部分气体内含有水分,还有空压机活塞带出的空压机内的润滑油,若没有使用油水分离器,水与油会随气体进入气动工具,将叶片粘住。若甩不开叶片,就有可能导致启动困难,即使启动成功也会导致扭力不足,所以一定要注意从后进气口注入适合的气动油,再按住气动工具空转几秒钟,扭力即可恢复。

图 2-3　气动针束除锈器

3. 气（电）动除锈锤

气（电）动除锈锤俗称敲铲枪，其前端有梅花形锤和尖形锤两种，锤的直径多为 25 mm，依靠快速往复运动产生敲击力除锈，其往复速度每分钟达 1 000~3 000 次。梅花形锤用于平面，尖形锤用于凹陷处，对于厚的锈层和脆性锈蚀有良好的去除效果。气动除锈锤如图 2-4 所示。

图 2-4　气动除锈锤

4. 气动钢丝刷

气动钢丝刷是采用气动力驱动钢丝刷高速旋转用以除锈的工具，如图 2-5 所示。

图 2-5　气动钢丝刷

5. 电动齿形旋转除锈器

电动齿形旋转除锈器前端为齿轮除锈转盘，由 5~6 根每根串有 8~11 片直径为 35 mm 的齿轮片组成。接通电源，打开开关，依靠高速旋转的齿形片与锈层摩擦和撞击除锈，齿轮除锈转盘的旋转速度为 8 000 r/min。电动齿形旋转除锈器主要用于平面除锈，如图 2-6 所示。

（三）喷丸（砂）和抛丸（砂）除锈

喷丸（砂）和抛丸（砂）除锈因具有劳动强度较低、机械程度高、除锈质量好，可达到适合涂

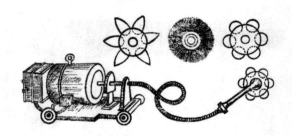

图 2-6　电动齿形旋转除锈器

装的粗糙度的效果,而被广泛采用。

1. 喷丸（砂）除锈

敞开式喷丸除锈和敞开式喷砂除锈的原理是一样的,其区别是砂便宜,可以采用石英砂、黄沙、铜矿渣等,处理质量高。敞开式喷砂除锈对环境污染极大,操作工人还易得硅肺病,已被限制使用。敞开式喷丸除锈采用结实的钢丸,不会粉碎,污染较小,但价格较高。

喷丸（砂）机多采用压出原理制造。砂在空气压力和自重的作用下,经喷嘴喷射到钢铁表面。通常采用压力为 0.4～0.6 MPa 的压缩空气,钢丸或砂的出口速度可达到 50～70 m/s。喷丸除了具有除锈作用外,还具有消除应力等表面强化作用。

2. 抛丸（砂）除锈

抛丸（砂）除锈是利用高速旋转的叶轮将磨料（砂、丸、钢丝段）等抛向钢铁表面来达到除锈目的。它彻底改变了人工操作的喷丸（砂）除锈,完全由机械操作,劳动强度低、除锈质量高。其缺点是当磨料和抛射角度不对时,会造成钢板变形。抛丸（砂）除锈是当今除锈技术的发展方向之一。

（四）高压水及其磨料射流除锈

高压水及其磨料射流除锈是近年发展起来的除锈技术,由于其具有环保特性,彻底改变了干喷砂的粉尘污染问题,而且除锈效率提高了 3～4 倍,所以在国内外得到越来越广泛的应用。其缺点是除锈后易返锈,表面及环境湿度大,对普通油漆影响较大。高压水及其磨料射流除锈可分为两类,纯高压水除锈和高压水磨料射流除锈。

1. 纯高压水除锈

通常当高压水的出口压力达到 10～20 MPa 时,可除去各种疏松表面污物,达到 20～35 MPa 时,可除去疏松锈蚀和失效旧漆皮。要达到好的除锈效果,其压力要求达到 70 MPa 以上,通常为 70～250 MPa。以高压水除污物、除锈机 AR500 型为例说明其使用要求如下:

高压水除污物、除锈机 AR500 型如图 2-7 所示。

（1）工作原理

高压水除锈机工作原理如图 2-8 所示,电源接通后,电动机会带动高压泵轴转动,泵轴通过曲轴连杆机构使柱塞做往复运动,当柱塞的往复运动使缸体的泵腔容积增加时,进水单向阀打开,出水单向阀关闭,水压进入进水管经过进水单向阀进入泵腔。当柱塞的运动使泵腔的容积减少时,进水单向阀关闭,出水单向阀打开,泵腔内的水经过出水单向阀、出水管到高压喷枪,高压喷枪扳机后,水由喷枪喷出。当喷枪扳机未扳动时,泵腔内压出的水推动高压阀内的差动柱塞,水从出水口部位又回到进水口,即水在高压泵内部循环,此时水温将急剧升高。所

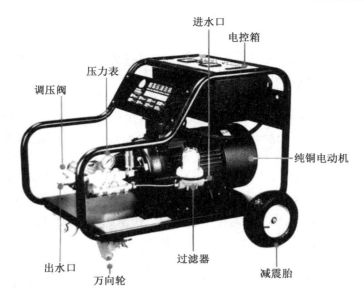

图 2-7 高压水除污物、除锈机 AR500 型

以在高压泵工作时尽量避免长时间关闭喷枪,以免对高压泵造成损害。

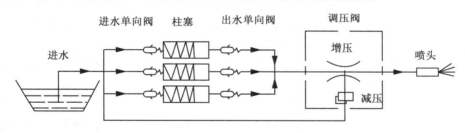

图 2-8 高压水除锈机工作原理

(2)使用说明

①开箱检查

检查机器及配件是否完整、完好。通常,机器主体部分包括电动机、高压水泵、机架,配件部分包括进水管、进水过滤器、出水高压管、高压水枪、喷嘴等。

②使用基本要求

使用机器时,应双手握紧高压水枪,且不要绞结高压水管。从高压水枪喷出的水的压力很大,不要将高压水枪对着人或其他易损坏的物体。关闭高压水枪不工作时,应及时关闭机器开关(建议≤2 min)。严禁机器无进水空转。

③机油的选择与使用

首次使用机器时,应先更换运输时密封机油盖(为防止运输中漏油),将其换成通气口机油盖;首次使用机器满 20 h 后须更换机油,之后每 100~150 h 更换一次;应使用标号为 15W40 的机油(摩托车 4 冲程机油);机油加至机油观察窗中心的红色标记处,不可多加或少加;当机油低于观测窗时,应及时添加机油。

④水质、水量、水温的要求

如果使用机器的自吸功能,应确保水量充足,水质不含砂粒等杂质;如果直接连接水龙头,供水压力需≤2 Bar，水流量≥18 L/min；0 ℃<进水水温≤50 ℃。

⑤出水高压管的连接

出水高压管有快接型接头和螺纹接头。若为螺纹接头，当连接机器、高压管、高压水枪时，应用扳手拧紧，防止使用时漏水或脱落。

⑥喷嘴的选择与更换

选择喷嘴时，红色0°喷嘴能产生垂直的集束状高压射流，用于污垢或锈蚀特别严重的表面。黄色15°、绿色25°、白色40°喷嘴能产生相应角度的扇形高压射流，用于大面积污垢或锈蚀表面。更换喷嘴时，必须关闭喷枪，同时不要将喷枪对着人或物体。

（3）操作步骤

①开机前查看机器外观是否良好，检查其各螺母、螺钉是否松动；将进水管螺纹端旋接在机器进水口处并紧固，给进水管另一端接上滤网后置于水源中，接通水源。一定要使进水管各部位连接紧密，否则可能会使机器只吸空气而不吸水。

②先接通电源，再打开喷枪扳机手柄，最后打开高压水机器开关。

③启动机器后，先等泵内空气排尽后，才能实施清洗除锈作业。作业时，喷头与被清洁、除锈表面的距离不宜太大，一般不超过1 m。

④调节压力：沿顺时针方向旋转调压阀，可得到较高压力；沿逆时针方向旋转调压阀，可得到较低压力。不用机器时，沿顺时针方向旋转调压阀使之回归原位。机器出厂时预设可使用压力范围已调节到最佳，不要试图擅自改装机器以防突破最大压力。如电动机出现异常噪声或发热，则是由压力过高引起的，可适当降低机器的使用压力。

⑤除锈（除垢）结束后，应先关闭机器开关，再关闭水源，最后关闭喷枪，这样才会免除高压水管和喷枪内存有高压可能伤人的危险。

（4）维护保养

①整机保养：整机在使用20 h后，必须对高压泵曲轴进行清洗。具体清洗方法是，先拧开泵上的放油螺丝将曲轴箱内旧机油放净，重新装好放油螺丝后往曲轴箱内加入洁净的煤油，油量以稍稍没过机油观察窗中心的红色标记为准，让泵空载运转10~15 s，关闭机器后彻底排空煤油，注入新机油；在累计使用时间达100~150 h时再以同样的方法更换机油，以后每累计使用时间达100~150 h就更换机油一次。这对延长泵的使用寿命是非常重要的。

②使用环境应保持干燥，电动机表面应保持清洁，进水口不应被纤维物质等阻塞。

③当电动机的热保护及短路保护连续发生动作时，应查明故障是来自电动机超负荷还是保护装置设定值太低，应消除故障后方可以投入运行。

④应保证电动机在运行过程中具有良好的润滑，运行过程中发现电动机轴承过热或润滑油变质时，应及时更换润滑油。更换润滑油时，应清除旧的润滑油并用汽油洗净轴承及轴承盖的油渍，然后将ZL-3锂基润滑油填充轴承内外圈之间空隙的1/2。当轴承寿命终了时，电动机运行时的震动及噪声将明显增大，检查轴承和径向游隙的极限磨损游隙并在其达到0.15 mm时更换轴承。

⑤机器使用完毕后，应拆下吸水管和出水管并将泵内余水排尽后妥善放置。应经常清洗进水过滤器，以免因为滤网堵塞而导致吸水不足，从而造成压力不够。

⑥机器长期搁置后，再次使用前，应在断电状态下拨动几下电动机叶轮，方可再启动机器。

⑦机器在存放中应保持干燥，防止发生锈蚀和损坏，避免周围环境温度的急剧变化。在过

于寒冷的地方存放时,应采取适当的防冻措施或以加防冻液的方法来防止泵内零件被冻坏。

⑧贮存及运输时,应防止倾倒或倒置电动机。

⑨拆卸电动机时以轴伸端或非轴伸端取出转子。如果没有必要卸下风扇,还是从非轴伸端取出转子较为便利。从定子中拔出转子时,应防止损坏定子绕组或绝缘层。

⑩更换绕组时必须记下原绕组的形式、尺寸及匝数、线规等,当这些数据丢失时,应向制造厂索取。随意更改原设计绕组,常常会使电动机的某项或几项性能不正常,甚至导致电动机根本无法使用,故应注意不要随意更改原设计绕组。

(5)使用安全注意事项

①操作机器前,必须仔细阅读使用说明书。认真核对供给电源电压是否在机器额定电压±5 V 范围以内,供给电流是否大于机器要求的额定电流。

②使用机器时必须安全接地,电源必须安装漏电保护开关。务必用带接地线的插座与之连接,不使用时应切断电源。

③不得擅自改动原产品上的"不可重接开关"。

④不可在雨中使用机器。切勿用水喷洒机器接线及电源。严禁用湿手插拔电源。

⑤不能通过拉拽电源线的方法移动机器。电源线不能随意乱放。

⑥不可以使用含有氯化物和任何含有漂白作用的清洗剂,不可使用强酸或强碱等有腐蚀作用的清洗剂,可使用无腐蚀性、不含颗粒、黏度≤45 mm²/s 的清洗剂。

⑦若电源线或机器的重要部件(如:安全装置、高压软管、喷枪等)发生故障,应禁止使用机器。

⑧禁止在无人值守时让机器运转。

⑨操作机器人员应受过培训,熟悉机器的工作原理和结构,了解如何紧急停机和所有控制部件的操作。定期对机器进行维护保养,若发现故障应及时排除。保养前,先切断电源。

(6)常见故障及其原因和排除方法

高压水除锈机常见故障及其原因和排除方法见表2-1。

表 2-1　高压水除锈机常见故障及其原因和排除方法

常见故障	原因	排除方法
电动机启动不起来或运行时自动停机	①电源无电或插座接触不良。②电动机开关受潮或损坏。③电压偏低	①检查电源,插好插头。②吹干、修理或更换电动机。③检查电网电压
喷头不出水,或出水压力不稳	①喷孔堵塞。②管路中有空气。③进水管破裂。④进水滤网堵塞	①拆下喷头,清洗。②检查进水管螺纹处是否紧固。然后给进水管灌满水,再打开喷枪,启动电动机。③更换进水管。④清洁滤网

（续表）

常见故障	原因	排除方法
接头处漏水	①螺纹连接处,螺纹未紧固。 ②连接处O形圈损坏。 ③快换接头未插好。 ④非锥面结合螺纹连接处无垫圈或垫圈已损坏	①拧紧螺纹连接处。 ②更换O形圈。 ③重新插好快接接头。 ④装入或更换垫圈
曲轴箱发热	①油过多。 ②油太少而引起连杆咬轴	①放掉多余的油。 ②拆修,除去连杆和轴上面的咬痕
压力调不上	①喷嘴喷孔太大。 ②进水过滤网堵塞	①更换喷嘴。 ②清洁过滤网
无出水,或出水量太小	①新泵不吸水。 ②泵体内有杂物。 ③进出水单向阀损坏	①开机,向进水管灌水,以排尽管内空气。 ②拆修泵。 ③更换泵

2. 高压水磨料射流除锈

当在高压水中加入磨料(铁砂或金刚砂最好,如果用工业河沙要筛选出细沙晒干)后,其除锈力大约可提高10倍,所以只需10~35 MPa即可达到除锈目的,高压水磨料射流除锈系统通常由30 MPa高压泵、磨料输送系统、高压管系和喷枪等组成。

（五）酸洗除锈

酸洗除锈又称为化学除锈,其原理主要是利用酸与氧化物(锈)反应,生成可溶或不可溶性铁盐,同时反应过程中产生的氢气又可破坏锈层和氧化皮,从而达到除去锈蚀的目的。酸洗除锈通常用于不能用机械方法除锈的薄钢板、形状复杂的零部件及小型物体。

（六）火焰除锈

火焰除锈是利用氧化皮与钢铁基体的膨胀率不同,在高温下,使氧化皮产生凸起、发生开裂,从而与基体剥离,达到除锈的目的。现在已经很少使用此法,但在船舶维修保养中,甲板上一些属具和甲板设备螺丝因严重腐蚀而拆卸不下来时,仍会采用火焰除锈法去除其表面的锈蚀,使其活络,也可采用上述酸洗除锈法去除其表面的锈蚀,使其活络。

总的说来,在船舶日常保养工作中,很多时候是手动除锈和机械除锈两种方法并用的。在除锈过程中,要按先易后难,先上后下的原则有序进行操作。

对表面局部的锈蚀,只需用敲锈锤把锈敲去,然后用铲刀将敲过的地方铲成方形或圆形,并把漆膜周围铲成斜坡形,再使用钢丝刷,让钢铁面露出光泽来,用棉纱头擦净浮锈,便可涂防锈漆。

对大面积除锈,要本着先敲铲,后找净,再磨平边缘,使四周边缘成坡面的原则。首先,利用电动敲锈工具除锈,可根据锈的厚薄先后用铁片锤头(厚锈)或齿轮锤头(薄锈)先敲一遍;然后用手动敲锈锤将残留在钢铁面上的锈块、锈斑敲尽;再用电动除锈刷在所有敲过锈的钢铁面刷一遍,使钢铁面露出光泽。电动除锈刷刷不到的地方,可用手动钢丝刷刷,最后将除锈面用压缩空气或干净抹布、棉纱打扫干净。如有油渍,可用汽油或松香水等溶剂清洗,干后便可涂防锈漆。

除锈过程中,"轻铲"应做到无浮锈、无污物、无翘起的漆皮;"重铲"应做到对局部锈蚀进行重度铲刮,达到无铁锈、无污物,保留的漆皮应平整光滑,无酥松或过渡性漆皮;出白在除锈工艺中,代表了一种验收标准。手工除锈中的出白只是表明了一个工艺环节的结束,应做到无铁锈、无漆皮、无污物、露出金属的本色。

对于尚未失效的韧性涂膜,可以根据具体要求,如允许保留(仅考虑防腐作用时,可保留),使用往复式电动打磨器或砂布打毛露出新漆面。对于环氧富锌底漆,则要求除去表面的粉化层,以利于新旧涂层良好附着。

敲锈时不宜敲击太重,以避免伤害甲板反面的油漆层(如水舱内部油漆),应避免锈片乱飞,妨碍其他人工作;敲锈工具不要磨得太锋利、太尖,以免损坏钢板,金属表面不应留有榔头或铲刀的痕迹。除锈完毕后,应立即将敲过的金属表面清洁干净,及时涂装底漆,此过程不得过夜。

三、除锈安全注意事项

(1)除锈前,要先做好各项安全工作准备,包括除锈工具、脚手架、单人坐板和双人架板、照明灯具和劳动保护用品等。

(2)必须穿好工作服,戴上安全帽、防护眼镜和手套。

(3)多人同时敲锈时,不能靠得太近,以免锈渣、钢丝飞出伤人。

(4)锤头松动应及时修理,以免锤头脱出发生意外。

(5)使用电动敲锈锤时,按下锤头不宜太紧,以免损坏机械锤头,并注意防止电线接头漏电伤人。

(6)除锈工作结束后,应将工具整理归位,清扫现场。

第三节　油漆作业

油漆是保护和装饰物体表面的涂装材料,将其涂于物体表面会形成具有一定功能并牢固附着的连续薄膜,用以保护和装饰物体。

一、油漆的作用和组成

(一)油漆的作用

油漆经施工涂于被涂物表面而形成涂膜(涂层),其主要作用有:

1.保护作用

金属材料或非金属材料,长期暴露于空气中,会受到氧气、水分、酸雾、盐雾、各种腐蚀性气体、微生物和紫外线等的侵蚀和破坏。在需要保护的物体表面涂以油漆,形成一定厚度的保护层,就能阻止或延缓这些侵蚀和破坏的发生和发展,从而起到保护作用。

2. 装饰作用

按照不同的需要,用不同颜色的油漆进行涂装,使物体表面平整光滑、色彩鲜艳、色调柔和协调,具有艺术感,使人的工作和生活环境得到美化。

3. 功能作用

油漆除了具有保护和装饰作用外,还具有许多特殊作用,如电绝缘、导电、防静电、防污、防霉、耐热、耐磨、保温、反射光、发光、吸收和反射红外线、屏蔽射线、防噪声、减震、防结露、防结冰、防滑等各种作用。船舶设备和管路以不同颜色油漆加以标识,使其醒目易识别。

(二)油漆的组成

油漆主要由四部分组成:成膜物质、颜料、溶剂、助剂。

1. 成膜物质

成膜物质有很多种,如天然树脂、油类、醇酸树脂、酚醛树脂、沥青、氯化橡胶、乙烯类树脂、环氧树脂、聚氨酯树脂、无机硅酸锌、环氧沥青和漂白环氧沥青、丙烯酸树脂等。

2. 颜料

颜料是有颜色的涂料(色漆)的一个主要的组分。颜料使涂膜呈现色彩,使涂膜具有遮盖被涂物体的能力,以发挥其装饰和保护作用。有些颜料还能提供提高漆膜机械、耐久、防腐蚀、导电、阻燃等性能。颜料按来源可以分为天然颜料和合成颜料;按化学成分可以分为无机颜料和有机颜料;按在涂料中的作用可以分为着色颜料、体质颜料和特种颜料。涂料中使用最多的是无机颜料,其次是合成颜料。有机颜料的使用逐渐增多。

3. 溶剂

船舶油漆中常用的溶剂有 200 号溶剂、松节油、二甲苯、重质苯、200 号煤焦溶剂、醋酸丁酯、丙酮、丁醇、乙醇等。溶剂的主要作用是将涂料的成膜物质溶解或分散为液态,易于施工,形成薄膜,且施工后又能从薄膜中挥发至大气中,从而使薄膜形成固态的涂膜,所以一般将溶剂组分习惯上称为挥发分。不同的成膜物质使用的溶剂也不同。

在油漆作业中,会用到油漆的稀释剂,它也是溶解和降低油漆黏度的一种液体,它与溶剂有区别也有联系:溶剂能够独立溶解油漆中的成膜物质,是油漆的一种成分;而稀释剂只起到稀释作用,在施工过程中为改变油漆的黏度加入的。油漆中的溶剂都起到稀释作用,但有些稀释剂不能作为溶剂用,因为同一种液体对成膜物质溶解能力存有差别,甚至有的稀释剂会与油漆中的成分发生反应,致使油漆报废。使用油漆时一定要认真看油漆产品的说明书,看清它配哪一种稀释剂,切勿乱用错用。

4. 助剂

为了改善油漆的某些性能,涂装油漆时往往使用一些辅料,即助剂,这些助剂用量很少,只占油漆的百分之几或千分之几,但在使用了助剂之后,可改善油漆的涂装工艺和性能,缩短漆膜的干燥时间,防止颜料沉淀,提高漆膜的耐久性。船舶油漆中为施工方便和满足漆膜要求常用的助剂有:

(1)催干剂

催干剂也常称为干燥剂,是一种能加速漆膜干燥的物质,对漆膜中干性油或树脂的氧化聚合起到催化作用,使漆膜的干燥时间大大缩短。催干剂主要使用在油性漆、油基漆和醇酸树脂漆中。

（2）固化剂

能与树脂产生固化反应的酸、胺等物质,在油漆中称为固化剂。例如以氨基树脂制成的漆,需要烘干才能成膜,但利用磷酸及其衍生物作为固化剂,可在室温下干燥成膜;环氧树脂类油漆,在室温下不会干结成膜,使用一定量的三乙烯四胺、二甲基乙醇胺、含氨基的聚酰胺树脂等作为固化剂,可制成环氧类油漆,在一般涂刷情况下即可形成性能良好的漆膜。

（3）增塑剂

使用合成树脂的油漆中,为克服合成树脂硬脆易裂的缺点,增加漆膜的柔韧性和附着力,常加入适量的增塑剂,增塑剂应与树脂有很好的混溶性,能溶于溶液,有较好的耐热、耐寒、耐光、耐水等性能。

二、油漆涂装的总体要求

为保证涂层质量,油漆涂装应做到以下几点:

1. 明确涂装目的,认真分析油漆的性能和用途

由于每一油漆品种都有它特殊的性能和优缺点,所适应的地点和环境条件要求也各不相同,所以船舶涂装前应正确选择油漆的品种和涂装体系。

2. 进行油漆之前的表面处理

涂装油漆之前,为确保涂料与被涂表面之间的附着力,除了除锈外,还要对表面（包括旧漆面）进行清理。清理的主要内容有:除水（用拖布、棉纱擦去水分或用压缩空气吹干水分）、除盐（采用淡水把油漆表面的盐粒冲洗干净,然后除去水分）、除油（用清洁的、蘸有溶剂的布团或棉纱仔细擦去油脂）、除尘以及除去其他杂物、污垢。

3. 选择最佳油漆工艺

油漆涂装者应根据船上的具体条件,如油漆环境、油漆地点、油漆品种和配套性能、经济成本等条件来选择合适的油漆工艺和油漆设备进行油漆涂装。

4. 保证涂层干燥条件

按油漆的技术要求,同时考虑船舶具体情况,应尽量保证涂层干燥所需的条件,以得到性能良好的涂层。

5. 严格监控质量

为保证油漆质量,必须拥有准确的检测仪器和可靠的检测方法,对油漆作业中的每一重要环节都要进行监测,以控制油漆作业质量达到规定的标准。油漆作业质量的检测包括油漆涂装前处理质量的检测、油漆产品自身质量的检测、油漆施工过程中各工序的质量监控以及油漆涂装完成后涂膜质量的检测。

6. 及时处理涂层缺陷

对油漆涂装过程中和最终涂层性能的检测中查出的缺陷应及时处理,并采取相应的措施进行补救,保证涂层质量,达到油漆作业的目的。

三、油漆实际用量的估算

我国以涂一道（度）漆单位面积所需涂料的量（kg/m^2）来表示涂料的理论使用量。一般都给出各种油漆的比重和一桶漆的重量。不同油漆因涂装膜厚和固体分含量的不同，其理论使用量也有较大的差异。涂料实际用量估算公式为

涂料实际用量（L）=（1+α）×涂料的理论使用量（kg/m^2）×涂装面积（m^2）

式中：α——涂料消耗系数。

国外船舶多是以 1 L 涂料涂一道规定膜厚的面积（m^2/L）来表示涂料的理论使用量，又称涂料的理论涂布率，只给出每桶漆的体积大小，此法应用比较方便。此方法的涂料实际用量计算公式为

涂料实际用量（L）=涂装面积（m^2）/（1+α）×涂料的理论涂布率（m^2/L）

1. 涂料消耗系数的确定

在实际施工中，由于被涂物表面不平整、施工人员熟练程度、环境条件以及施工方法不同等因素影响，涂料必然存在不同程度的损耗，α 值不是一个常数，由各种因素综合决定。无气喷涂平整表面 α 值为 0.6~0.8，喷涂复杂表面 α 值为 0.8~1.0；手工涂装平整表面 α 值为 0.3~0.4，手工涂装复杂表面 α 值为 0.4~0.6。

2. 涂料的理论使用量的确定

涂料的理论使用量可参照厂方说明，并根据涂面的底质、涂刷形式和技术进行适当修正。

醇酸油漆的理想干膜厚度是 40~50 μm，理论涂布率为 8~10 m^2/L；氯化橡胶漆的理想干膜厚度是 80 μm，理论涂布率为 5 m^2/L；环氧树脂漆的理想干膜厚度是 100~125 μm，理论涂布率为 5~6 m^2/L；沥青类油漆的理想干膜厚度是 175 μm，理论涂布率为 3 m^2/L。

3. 涂装面积计算

计算涂装面积，实际上就是计算船舶各部位所需涂料的面积。由于船体表面形状复杂，常用涂装面积计算公式见表 2-2。

表 2-2　涂装面积计算公式

部位面积（m^2）	计算公式	
	I	II
满载水线以下	$A_1 = 2.6\sqrt{DL}$	$S_1 = C(2d_{满} + B) \times L_{BP}$ 其中：C——系数，干货船为 0.70~0.75； 散货船为 0.85；油船为 0.90
轻重载水线间	$A_2 = 2.03L(T_a - T_b)$	$S_2 = 2(d_{满} - d_{轻}) \times (L_{BP} + 0.5B)$
轻载水线以下船底	$A_3 = A_1 - A_2$	$S_3 = S_1 - S_2$
满载水线以上船壳	$A_4 = 0.6LB + 2Lh$	$S_4 = 2h(L_{oa} + 0.5B)$
露天甲板（包括舱盖、艏楼甲板）	$S = NL_{oa}B$ 其中：N——系数，货船为 0.88；大型油船及散货船为 0.91；沿海货船为 0.84	

（续表）

部位面积（m²）	计算公式	
	I	II
公式中符号	D——满载排水量,t； L——船长（一般是指两柱间长）,m； T_a——满载吃水,m； T_b——轻载吃水,m； B——船宽,m； h——满载水线至上甲板高度,m	L_{BP}——沿夏季载重线,从艏柱前缘至艉柱后缘的长度,m； L_{oa}——船舶总长,m； $d_满$——满载吃水,m； $d_轻$——轻载吃水,m； B——船宽,m； h——满载水线至上甲板高度,m

注：公式 I 估算误差较大,公式 II 估算较为准确。

四、各种涂料的配套适应性

底漆与面漆应配套,新涂层与旧涂层应配套。当选用强溶剂的面漆时,底漆必须能耐强溶剂而不被咬起。此外,底漆和面漆应有大致相近的硬度和伸张强度。硬度高的面漆与硬度很低的底漆配套,常会产生起皱的问题。在采用多层异类涂层时,应考虑涂层之间的附着性。附着力差的面漆应选择附着力强的底漆。在底漆和面漆性能都很好而两者层间结合不太好的情况下,可采用中间过渡层,以改变底层和面层的附着性。各种涂料的配套适应性见表2-3。

表 2-3　各种涂料的配套适应性

下层涂料	上层涂料							
	油性系	沥青系	氯化橡胶系	环氧树脂系	沥青环氧系	乙烯系	醇酸树脂	酚醛树脂
油性系	★	×	×	×	×	×	△	○
沥青系	△	★	×	×	×	○	×	×
氯化橡胶系	×	○	★	×	×	○	×	×
环氧树脂系	○	○	○	★	○	○	○	○
沥青环氧系	○	○	△	△	★	○	○	○
乙烯系	○	○	○	○	○	★	○	○
醇酸树脂	○	×	△	×	×	×	★	○
酚醛树脂	○	×	○	×	×	×	×	★

注：★—最佳；○—合适；△—不推荐；×—不能配套。

五、油漆作业前的准备工作

1. 开桶

油漆开桶前,应仔细检查并确认油漆的品种、牌号、颜色、出厂日期等是否符合规定要求。如油漆桶上的上述标记模糊不清,应仔细核对有关记录,确认无误后方能开桶。对出厂日期超过规定的油漆,开桶后要仔细判别其是否有胶化、结块等情况,并确认其性能无明显变化后,方可使用。

小桶油漆在开桶前应充分摇动；大桶油漆在开桶前最好先将桶上下颠倒放置一两日，使桶底的沉淀松动。油漆开桶后，如表面有结皮时，应沿桶的边缘剔除结皮，切不能将其捣碎混入油漆中使用。

2. 搅拌

油漆在贮存期间，有些颜料因其密度较大，会沉降在桶底；而有些颜料因其分散性较差，会发生离析现象浮于表面。因此，油漆在使用前必须认真搅拌。搅拌时应先用光滑干净的调漆棒将桶底沉积的颜料翻起，然后用搅拌棒沿一定方向上下搅拌，有条件的，可用电动或气动搅拌机搅拌，直至整桶油漆上下黏度均匀。

如颜料沉底严重、发生板结、不能搅散，不能只用上层油漆、舍去底部的板块，这样油漆的性能将会改变，质量不能保证。板结、胶化的油漆不能强行稀释时，应当予以报废。

3. 混合与熟化

一般靠化学反应而固化的油漆均为双组分型（甚至三组分型）。双组分型油漆的基料与固化剂分别包装，在使用时才混合。一旦混合，需在规定的时间内使用完毕，超过这一规定时间，油漆将失去流动性，甚至固化。因此，要根据需求量按规定比例混合，免得造成浪费。

混合前，基料与固化剂应事先分别搅拌均匀，然后边搅拌边混合，直至全体均匀一致。某些双组分型油漆使用前需要有一段时间的预反应，也称为熟化。这是为了确保其施工性能和固化性能，应当根据所涂产品说明书的要求，保证规定的熟化时间。

4. 稀释

油漆的黏度在出厂时都已调整好，开桶搅拌均匀即可使用。但由于贮存上的原因而使油漆变稠，或由于施工上的原因而需要降低黏度，或由于冬季温度低而使油漆变稠，都应当用适量稀释剂对其加以稀释。每种油漆必须配有相应的稀释剂，且不同的厂家的稀释剂标号不同，也有规定的最大稀释量，应当遵守油漆桶上说明书的规定。用错稀释剂或过量稀释都会降低油漆的施工性能和内在质量，甚至造成油漆的报废。油漆中加入稀释剂后，应充分搅拌直至整体上均匀。

5. 过滤

油漆在贮存过程中有可能产生结皮，其颜料颗粒也会聚在一起形成较大颗粒，经过充分搅拌，也往往难以分散。这会造成喷涂时喷嘴堵塞，也会影响涂层的平整美观，所以油漆搅拌（包括稀释后搅拌）后还需要过滤。过滤一般采用60~80目的滤网，滤网应清洁干净，用过后应立即用溶剂洗净。过滤后的油漆，如暂不使用，要加盖保护，以防杂质混入。

6. 调色

面漆颜色通常都根据要求调配好，但有的时候，特别是用量少或用作各种标志的油漆，不一定样样购买，需要自己调配。

油漆的调色应该采用基料相同的油漆，按不同的颜色的比例混合得到。所有的颜色都可由红、黄、蓝、白、黑五种基本颜色调配而成。多种颜色可以由红、黄、蓝三种基本颜色调配而成，所以这三种色为原色。图2-9中实线三角所指为三种原色，虚线三角所指为相邻两种原色相加而得的复色。其中黄色为最浅，紫色为最深，一定比例的黄加紫或蓝加橙或绿加红即形成灰色。红、黄、蓝加在一起则成黑。

从三种颜色的相互配合来看,根据它们相互间用量的变换,颜色的变化都要比两个原色相加还要多,例如红的成分多于黄,而黄的成分又多于蓝会变成猪肝色;相反,红的成分少于黄,而黄的成分又少于蓝会变成橄榄绿色。如果把三种颜色的配比做更多的变化,就可调出更多不同色彩。

原色或复色用白色冲淡,可得出深浅不同的颜色,如红加白成粉红色;当在原色或变色中加上不同分量的黑色时,可得到明显不同的各种颜色,如棕色、灰色、草绿、墨绿等。

现将一些颜色的调配方法介绍如下,冒号后的颜色中前者为主色,后面的为次色,调配时应把次色加入主色内,不能加反。

奶油色:白、黄两色配成;

奶黄色:白、黄、红三色配成;

灰色:白、黑两色配成;

蓝灰色:白、黑、蓝三色配成;

绿色:蓝、黄两色配成;

湖绿色:白、黄、蓝三色配成;

黑绿色:蓝、黄、黑三色配成;

天蓝色:白、蓝两色配成;

肉红色:白、红、黄三色配成;

粉红色:白、红两色配成;

紫红色:红、黑两色配成;

棕色:黄、红、黑三色配成;

浅柚木色:黄、黑两色配成;

深柚木色:黄、黑、红三色配成。

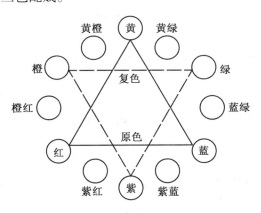

图 2-9　色圆图

调配色漆时应注意:

(1)调配色漆只限于同一品种,否则会使油漆变质或形成粗粒。

(2)在大量调配前必须先做少量试验,试验合适后再按比例大量调配。

(3)一般油漆颜色在湿的时候显得较浅,干的时候显得较深,配色时需要让湿漆的颜色比样板色稍浅一些。

（4）调配的颜色与样板比较时，应在自然光线较充足的场所进行，以免造成色差。

（5）调配时应选择颜料重量接近的油漆，以免重的颜料沉底而变色。

六、油漆工具及涂刷方法

（一）涂刷

涂刷是最简便的涂漆方法，所用工具简单，适用范围广，可涂刷各种材质、形状的物体。涂刷的缺点是劳动强度大，工作效率比较低，漆膜易产生刷痕，装饰性较差，尤其是涂刷快干油漆需掌握熟练的技巧，方能获得令人满意的漆膜。

1. 漆刷的种类与选用

（1）漆刷的种类

漆刷的种类很多，按刷毛可分为硬毛刷和软毛刷。硬毛刷多由猪鬃（或马鬃）制作，软毛刷多由羊毛制作，也有用狸毛、狼毛制作的。漆刷按形状可分为滚刷、扁刷、弯头刷、圆刷和笔刷等，如图 2-10 所示。

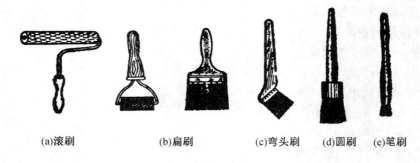

(a)滚刷　　　　(b)扁刷　　　　(c)弯头刷　　(d)圆刷　(e)笔刷

图 2-10　漆刷的种类

①滚刷

滚刷适宜于大面积涂漆，但对窄小的被涂物或位置以及棱角、圆孔等形状复杂的部位涂漆比较困难。

②扁刷

扁刷的适应性很强，最常用，可用于涂刷油性漆、磁漆、清漆等多种油漆，适宜用于涂装质量要求较高的场合。

③弯头刷

弯头刷的木柄较长，木柄弯度为 45°，配合扁刷使用，用于扁刷不易刷到的部位。

④圆刷

圆刷配合扁刷使用，用于涂刷形状复杂的部位，一次占油漆较多。

⑤笔刷

笔刷在船上常用来描写水尺、载重线标志、船名及公司标志等。

（2）漆刷的选用

①注意漆刷的质量。刷毛的前段要整齐，刷毛黏结牢固，不掉毛。

②应适应油漆的特性。黏度高的油漆，可选用硬毛刷；黏度低的油漆，可选用刷毛较薄的硬毛或软毛板刷。

③适应被涂物的状况。一般被涂物的平面或曲面部位,可选用扁刷;被涂物表面积大的选用刷毛宽的漆刷或滚刷;表面积小的选用刷毛窄的漆刷;被涂物的隐蔽部位或操作者不容易涂刷到的地方,可选用长弯头刷;表面粗糙的被涂物,可选用圆刷;描绘线条和图案可选用扁形笔刷。

2.涂刷操作

(1)执刷

涂刷系手工作业,操作者的熟练程度会影响涂刷质量。涂刷时要紧握刷柄,不使漆刷在手中任意松动。执刷方式通常有两种:一种为握锤式,另一种为握笔式,如图2-11所示。在涂刷过程中,用力要适度,以约1/2长度的刷毛顺一个方向贴附在被涂物表面为妥,涂刷时的用力与速度要均衡。

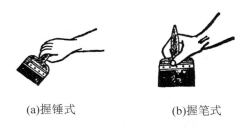

(a)握锤式　　　　　　　　(b)握笔式

图2-11　执刷方法

(2)涂刷步骤

涂刷前先将漆刷蘸取油漆,需使油漆浸满刷毛的1/2。漆刷蘸取油漆后,应在油漆桶边沿内侧正反面轻拍拉一下,以便理顺刷毛,并去掉蘸取过多的油漆。

涂刷通常按涂布、抹平、修整三个步骤进行,如图2-12所示。涂布是将漆刷刷毛所含的油漆涂布在漆刷所及范围内的被涂物表面上,漆刷运行轨迹可根据所用油漆在被涂物表面流平情况,保留一定的间隔;抹平是将已涂布在被涂物表面的油漆展开抹平,将所有保留的间隔面都覆盖上油漆,不露底;修整是按一定方向涂刷均匀,消除刷痕与漆膜厚薄不均的现象。

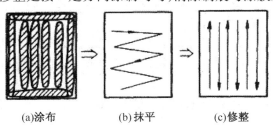

(a)涂布　　　　　　(b)抹平　　　　　　(c)修整

图2-12　涂刷步骤

3.涂刷注意事项

(1)涂刷时,漆刷蘸油漆后,涂布、抹平、修整这几个操作步骤应该是连贯的,几个步骤连续一步完成。

(2)在进行涂布和抹平操作时,要求漆刷处于垂直状态,并用力将刷毛大部分贴附在被涂物表面,但在修整时,漆刷应向运行的方向倾斜,用刷毛的前端轻轻地涂刷修整,以便达到满意的修整效果。

（3）刷漆操作应是自上而下、从左至右、先里后外、先斜后直、先难后易,最后用毛刷轻轻修饰边缘棱角,使油漆在物面上形成一层薄而均匀、光亮平滑的涂膜。其施工要求是:不流、不挂、不皱、不漏、不留刷痕。

（4）对挥发型快干油漆,应使用软毛刷分块涂刷,即将涂覆面分成若干块,每块涂刷时要求动作轻快、准确,尽量避免回刷,以防咬底或发花。每涂刷一块都应与上一块重叠 1/3 的涂刷宽度,直到全部涂覆面涂刷完为止。

（5）涂刷时应做到"三顺",即顺水、顺纹、顺光。顺水,如船壳外部最后一道的涂刷应按水流方向进行,上层建筑应采取上下涂刷;顺纹,对于木质涂面,涂刷应顺着木纹的纹理进行;顺光,对于室内天花板,最后一道的涂刷应从光线照射进的方向进行。

（二）滚涂刷

滚涂刷是指圆柱形滚刷蘸取油漆后,在被涂物表面滚动进行涂漆。滚刷由刷辊与支承机构两部分组成。刷辊由辊芯和含漆层构成,辊芯起托附含漆层的作用,含漆层贴附在辊芯的外表面。辊芯由金属板、塑料板或纤维板制成。

1. 滚刷的种类

通用型滚刷是指刷辊呈圆筒形的滚刷,分为标准型、小型和大型。标准型滚刷一般适用于涂刷被涂物的平面与曲面;小型滚刷适用于涂刷被涂物的平面、曲面及内角和拐角等部位;大型滚刷适用于大面积涂漆,效率高。

2. 滚刷的操作方法及技巧

（1）新辊子在使用前应反复清理并抖动辊筒,清除残余的毛屑及粉尘等。视所涂装位置的高度,在手柄下加装合适长度的木杆（或金属杆）,以便在较长距离进行涂刷。

（2）滚涂前应用稀释剂将辊筒清洗一下或将辊筒浸湿,去除多余的稀释剂后再蘸取油漆。

（3）蘸取油漆时只需浸入筒径的 1/3 即可。然后在托盘内的板材或提桶内的铁网上来回滚动几下,使筒套被油漆均匀浸透,清除多余的油漆。如果油漆吸附不够可再次吸取。

（4）当刷辊压附被涂物表面初期,压附用力要轻,随后逐渐加大压附用力,使刷辊所蘸取的油漆均匀地转移附着在被涂物的表面。

（5）涂漆时,刷辊通常应按 W 形轨迹运行,滚动轨迹纵横交错,相互重叠,使漆膜厚度均匀。滚涂刷快干型油漆或被涂物表面油漆浸渗强的地方时,刷辊应按直线平行轨迹运行,如图 2-13 所示。

（6）应根据油漆的特性与被涂物的状况,选用合适的滚刷。滚刷使用完后,应刮除残附的油漆,进行清洗后存放。

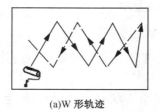 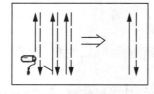

(a)W 形轨迹　　　　　　　　　(b) 直线平行轨迹

图 2-13　滚刷涂漆方法

（三）空气喷涂

1. 空气喷涂的原理与特点

（1）空气喷涂的原理

空气喷涂的原理是利用压缩空气在油漆喷嘴前端形成负压区,使油漆容器中的油漆从油漆喷嘴喷出,并迅即进入高速压缩空气流,使液、气混合后急剧扩散,油漆被微粒化,呈漆雾状飞向并附着在被涂物表面,油漆雾粒迅速集聚成连续的漆膜。

（2）空气喷涂的特点

①涂装效率高:每小时可喷涂 50~100 m²,比涂刷快 8~10 倍。

②适应性强:几乎不受油漆品种(厚浆型油漆除外)和被涂物状况的限制,可应用于各种涂装作业场所。

③空气喷涂所获得的漆膜平整光滑,可达到很好的装饰性,但成膜较薄,需经多次喷涂操作才能达到规定的均膜厚要求。

④空气喷涂的油漆的渗透性和附着力一般比涂刷的要差。

⑤进行空气喷涂时,部分油漆会随空气的扩散而损耗,故空气喷涂的油漆利用率一般为50%左右。扩散在空气中的漆料和溶剂,对人体和环境有害。在通风不良的情况下,溶剂的蒸气达到一定浓度,遇到火源时,可能引起爆炸和火灾。

⑥设备简单,操作容易,维修方便。

2. 空气喷涂的设备及工具

空气喷涂装置如图 2-14 所示,主要包括:

（1）喷枪:使油漆形成雾状,喷射于被涂物表面。

（2）空压机:供给清洁、干燥、无油的压缩空气。

（3）输漆装置:储存油漆,并连续给喷枪供给油漆。

（4）胶管:输送压缩空气。

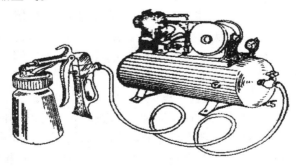

图 2-14　空气喷涂

喷漆时,场所应装置通风安全设备,以室内温度为 18~30 ℃,相对湿度小于 70% 为宜。

喷枪的种类较多,按油漆供应的方式来分,主要有吸上式、重力式和压送式三种类型。吸上式的油漆罐安在喷嘴的下方,操作稳定性好,油漆更换方便,但对水平面的喷漆较困难,受油漆黏度影响大,适宜于小面积物面的施工;重力式的油漆罐安在喷嘴的上方,喷枪使用方便,受黏度影响小,但稳定性差,不易做仰面喷漆操作,适宜于小面积物面的施工;压送式的油漆罐另设有增压箱,可自动供给油漆和几支喷枪同时使用,油漆容量大,但油漆更换、清洗麻烦,适宜于连续喷涂大面积物面。

选择喷枪类型和规格时,应考虑上述各类喷枪的性能特点、涂装对象的需求、空气使用量、油漆用量及损耗等。喷嘴口径越大,压力越大,油漆喷出量就越大。油漆的黏度越高,油漆喷出量越少。大面积涂装时,应选用连续供漆系统的喷枪,扁平或稍大孔径的喷嘴;小面积涂装时,可采用间断供漆的喷枪、小口径喷嘴。修补时采用口径为 0.5 mm 的圆形喷嘴。

3. 空气喷涂机的使用方法及技巧

喷漆施工的质量主要决定于油漆的黏度、工作压力、喷嘴与物面的距离以及操作者的技术熟练程度。为了获得光滑、平整、均匀一致的涂层,喷漆时必须掌握正确的操作方法。

(1)选择适宜的喷枪及确定喷嘴大小、喷涂距离和适当的空气压力。喷涂施工时,喷嘴大小与油漆性质和施工要求有关,一般油漆与喷嘴的关系:低黏度油漆,喷嘴口径宜为 1～1.5 mm;高黏度油漆,喷嘴口径宜为 2～3 mm。喷涂对象与喷嘴的关系:喷涂小面积,喷嘴口径宜为 1～1.5 mm;喷涂大面积,喷嘴口径宜为 2.5～3 mm;喷涂各种图案、文字,喷嘴口径宜为 0.2～1.2 mm。

喷枪与被涂物面的距离对漆膜质量有较大影响。距离太近,漆层增厚,易产生流淌、橘皮等现象;距离太远,漆膜变薄,油漆损失大,漆膜易脱落,漆膜不平整,严重时大大降低光泽。一般喷距为 200～300 mm,小口径喷枪的喷距为 150～250 mm,而大口径喷枪的喷距应控制在 200～300 mm。

喷涂压力可根据喷嘴大小和油漆的性质调节。一般黏度高的油漆采用较高的压力,高黏度油漆压力为 0.25～0.30 MPa,低黏度油漆压力为 0.10～0.15 MPa。若空气压力过高,雾化虽细,但油漆飞散多,损失大;若空气压力不足,喷雾变粗,易产生橘皮、针孔等缺陷。

(2)喷涂前,必须将油漆按比例配好,调节到适宜的黏度。双组分型油漆应混合均匀,同时给予一定的活化期。油漆须经过过滤、去漆皮等工序。油漆黏度须用稀释剂调整。黏度过大,雾化不好,漆膜易粗糙无光;过小,则易产生流挂。适宜的油漆黏度为 16～35 Pa·s。装入贮漆罐时,不要过满,以 2/3 为宜,把松紧旋钮拧紧。

(3)使用喷枪时,以手扣压扳机,使压缩空气的通道首先开放,接着使漆嘴通道开放。压缩空气由管道通向喷头,此时油漆从喷嘴流出,将油漆吹散到被涂表面上。放松扳机时,出漆嘴的小孔被顶针紧密地封闭,压缩空气通道也被堵住。调整枪头边侧的辅助空气通道以及喷嘴的不同位置,可得到不同形状的漆流。

(4)操作时,用无名指和小指轻轻拢住枪柄,食指和中指钩住扳机,枪柄夹在虎口处;喷涂时,眼睛盯着喷枪,随时注意涂膜形成的状况和喷头的落点。喷枪与物面的喷射距离和垂直角度由身体控制,喷枪的移动同样要用身体来协助臂膀的移动,不可移动手腕,但手腕要灵活。

(5)喷枪运行时,应保持喷枪与被涂物面呈直角、平行运行。喷枪的移动速度一般应为 30～60 cm/s,并要求尽量保持匀速运动。喷枪与被涂物面的距离以 20～30 cm 为宜。

(6)操作时,每一喷涂幅度的边缘,应当在前面已经喷好的幅度边缘上重复 1/3～1/2,且搭界的宽度应保持一致。如果搭界宽度多变,膜厚会不均匀,可能会产生条纹和斑痕。

(7)为了获得更均匀的涂层和更好的防腐蚀效果,在喷涂第二道时,应与前道漆膜纵横交叉,即若第一道采用横向喷涂,第二道就应采用纵向喷涂。

(8)每次喷涂时应在喷枪移动时开启喷枪扳机,同样也应在喷枪移动时关闭喷枪扳机,如此可避免造成在被涂表面有过多的油漆堆积而流挂。

4.空气喷涂喷枪的维护

喷涂完毕后,应将多余可回收的油漆倒回原有的油漆桶,然后将喷枪清洗干净,不允许在喷枪内残留油漆。清洗喷枪时,可将与油漆相应的稀释剂倒入漆罐中,扳动扳机,溶剂由喷枪口喷出,使输漆管道得以清洗。然后关闭压缩空气,取下喷枪用溶剂擦拭干净。用带溶剂的毛刷仔细洗净空气帽、喷嘴及枪体。当空气孔被堵塞时,需用软木针疏通。检查针阀垫圈、空气阀垫圈的密封性,在密封处涂油,悬挂放置。

(四)高压无气喷涂

高压无气喷涂(简称无气喷涂)不是借助压缩空气喷出使油漆雾化,而是给油漆施加高压使油漆喷出时雾化的工艺。

1.无气喷涂的原理与特点

(1)无气喷涂的原理

无气喷涂的原理是:给油漆施以高压(通常为 10~30 MPa),使其从喷嘴喷出,当油漆离开喷嘴的瞬间,便以高达 100 m/s 的速度与空气发生激烈的冲撞,使油漆破碎成微粒,在油漆微粒的速度未衰减前,油漆粒子继续向前与空气不断冲撞,油漆粒子便不断地被粉碎而雾化,并沾附在被涂物表面。

(2)无气喷涂的特点

①涂装效率高。无气喷涂的涂装效率比涂刷高 10 倍以上,比空气喷涂高 3 倍以上。

②对油漆黏度适应范围广。可以喷涂黏度较低的普通油漆;也可以喷涂高黏度油漆,获得较厚的漆膜,以减少喷涂次数。

③漆膜质量好。无气喷涂避免了压缩空气中的水分、油滴、灰尘对漆膜所造成的影响,可以确保漆膜质量。

④减少对环境的污染。由于不使用空气雾化,漆雾飞散少,且油漆的喷涂黏度较高,稀释剂用量减少,因而减少了对环境的污染。

⑤不足之处:由于无气喷枪没有油漆喷出量和喷雾图形幅宽调节机构,只有更换油漆喷嘴才能达到调节的目的,所以在喷涂作业的过程中不能调节油漆喷出量和喷雾图形幅宽,因此,无气喷涂不大适用薄层的装饰性油漆。

无气喷涂因具有上述优点,已在船舶上应用,取代了空气喷涂,也是目前应用最广泛的涂装方法之一。

2.高压无气喷涂的设备及工具

高压无气喷涂的设备如图 2-15 所示,主要包括:动力源、高压泵、涂料容器、蓄压过滤器、涂料输送管、喷枪等,其中较为关键的设备是喷枪。高压泵可提供高压,使油漆高速喷出;蓄压过滤器可使油漆液压稳定,减少喷涂时的压力波动,蓄压过滤器可过滤漆料以减少漆路堵塞;涂料输送管可输送漆料,耐油漆侵蚀、耐高压;喷枪可将油漆呈雾状喷射于被涂物表面。

高压无气喷涂装置按驱动力方式分为气动型、电动型、油压型。喷涂机应在 −15~25 ℃ 环境温度、空气相对湿度不大于 85% 的条件下工作。

3.高压无气喷涂设备的使用和维护

(1)选择适宜的喷枪及确定喷嘴大小、喷涂距离和适当的喷涂压力。此时,应考虑泵的排

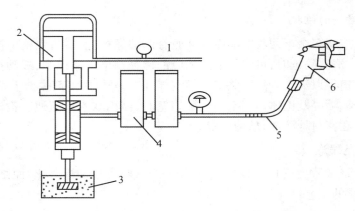

图 2-15 高压无气喷涂的设置备
1—动力源；2—高压泵；3—涂料容器；4—蓄压过滤器；5—涂料输送管；
6—喷枪

量能力、喷涂材料的物理状况、被涂装表面的形状特征以及涂膜的质量要求等。在油漆的施工说明上有针对高压无气喷涂的施工指导，相关施工人员应按要求仔细选择。

（2）油漆应在喷涂之前，准备妥当。双组分油漆应混合均匀，同时有一定的活化期。油漆需经过滤及去掉漆皮等工序。油漆的黏度一般不需用稀释剂调整，若需调整时，稀释剂用量不要超过油漆用量的 5%。

（3）喷流的喷射角度为 30°～80°，喷流幅度为 8～75 cm。在喷涂大平面时，选定喷流幅度为 30～40 cm；涂装物件较大且有凹凸表面的大量涂装，喷流幅度宜为 20～30 cm；喷涂一般小物件时，喷流幅度宜为 15～25 cm。当可获得所要求的雾化效果时，使用最低的喷涂压力可延长喷嘴的使用寿命。

（4）喷涂完毕后，应将多余的油漆倒回原有的油漆桶，然后将喷枪清洗干净。不允许在喷枪内残余油漆，用稀释剂清洗管道和喷枪内部，然后完全卸压，将喷嘴和护套逐一拆开。应先卸下喷嘴，用溶剂将其擦拭干净，清洗时用带溶剂的软毛刷仔细洗净喷嘴及枪体。当空气孔被堵塞时，需用软木针疏通，切不可用坚硬的工具剔除喷嘴内的杂物。

4. 高压无气喷涂的方法及技巧

高压无气喷涂设备的喷枪应与被喷工件表面保持垂直，距表面 30～40 cm 远。喷枪应以合适的速率均匀移动，并与被涂表面保持平行，以免导致流挂和涂层不匀。喷枪与物面的喷射距离和垂直角度由施工人员的身体控制，喷枪的移动同样需要喷涂者以身体协助臂膀来移动，施工人员不可移动手腕，但手腕要灵活。

施工人员用手握住喷枪，但不要太紧，用食指和中指扣住扳机，喷涂时应先水平移动，然后再垂直移动，这样有利于涂层完整覆盖，且减少流挂。每次喷涂时应在喷枪移动时开启喷枪扳机，同样也应在喷枪移动时关闭喷枪扳机，以免造成在被涂表面过多的油漆堆积而流挂。相同的喷幅宽度，喷嘴孔径越大，成膜越厚；相同的喷嘴孔径，喷幅宽度越大，成膜越薄。

每一道喷漆作业都应在前一道喷漆作业上搭接约 50%，以便获得完整、均匀的涂层。作业时应先从右到左喷涂，然后从左到右喷涂。

操作时，施工人员应注意喷枪、软管与自己身体之间的位置并保持协调。施工人员站立操作时，应双脚略宽于肩，一手握软管，软管不要绷紧，这样有助于在移动喷枪时得心应手。

七、涂装的安全事项

（1）船舶船底、船壳、上层建筑、大型货舱等处的涂装作业，属于高空或舷外作业，进行此类作业时应搭设安全可靠的脚手架、单人座板或双人架板，有专人协助。施工人员必须系上合格的安全带和戴上合格的安全帽，防止人员坠落以及物件掉落导致伤人事故的发生。利用工作筏工作时，筏上须备救生圈，人员须穿着救生衣。

（2）涂装作业必须有充足的光线条件。室内采光条件差的，应配备良好的照明设备。在密闭或通风不良的舱室内施工，其照明设备应该是防爆型的。

（3）进行烟囱和桅杆等高空涂装作业时，如遇大风，应停止作业。进行烟囱涂漆时，事先要关闭蒸汽管路；在雷达天线周围涂漆时，应事先切断雷达电源。

（4）室内涂装作业应有良好的通风，必须采取防火、防爆、防触电、防毒等措施。封闭场所内作业应按进入封闭场所规定进行。

（5）施工人员如感觉头疼、心悸或恶心时，应立即离开工作地点，到通风处换气；若仍不舒畅，应予以急救或治疗。

（6）涂装作业时要防止周围的污染源对涂层的污染，如周围正在进行除锈作业，则应等除锈作业停止后才能进行涂装作业。

（7）应当防止涂装工作对周围环境造成污染，特别要避免在风力过大时进行喷涂。这不仅会使漆雾到处飞扬污染周围环境，也会造成油漆的浪费。当风速大于 3 m/s 时不宜进行喷漆作业。

第四节　润滑工作

船舶甲板设备的活动部件需要定期进行润滑，对其进行润滑的目的是减少活动部件间的摩擦和磨损，防止活动部件内部锈蚀，保证设备安全，延长活动部件的使用寿命。

一、润滑用油

甲板设备的润滑用油一般分三类，即润滑脂（黄油）、船用钢丝油、船用润滑油。

1. 润滑脂

润滑脂的颜色为黄色，故俗称黄油。其特点是具有良好的润滑性，易附着于金属摩擦表面，同时具有良好的耐水性、防锈蚀性，使用寿命长，是甲板润滑工作中最常用的润滑脂。润滑脂多用于保养装卸设备的滑车、卸扣、吊杆鹅颈头、锚机活动部件、带缆设备的导轮、通风筒活动部件、开关舱设备的滚轮、水密门窗的活动把手、救生吊放设备的活动部件等。

2. 船用钢丝油

船用钢丝油通常是合成润滑油，呈黏稠胶状，在海上工作环境中能保持良好的稳定性和抗腐蚀性。其可在钢丝绳表面形成一层防滑的保护层，同时还有较强渗透力可进入钢丝的内部，减少钢丝磨损，使钢丝保持良好的柔软度。其主要用于保养甲板上的吊货钢丝、带缆钢丝、吊艇钢丝、舷梯钢丝等。

3. 船用润滑油

船用润滑油通常是专用润滑油，能适应海上的恶劣环境，不同的甲板设备中对其都有严格的质量要求，故不同型号的船用润滑油不能混用。船用润滑油一般用于甲板设备液压系统和齿轮箱等处。

二、甲板设备的加油用具及使用

1. 黄油枪

黄油枪由注油枪头、手动压泵、注油杯三部分构成，如图2-16所示。注油枪头有普通插式、平插式、挂钩式三种形式。注油工作压力为16 MPa。其使用方法如下：

（1）将注油杯后盖打开，拿出弹簧顶盖，用加油工具将黄油加入注油杯内，在加油过程中应注意将杯内空气排出，加满油后关上后盖，使弹簧处于工作状态。

（2）将注油枪头顶进或锁住甲板设备的加油嘴，拉动黄油枪上的手柄，手动压泵就将油杯内的黄油加入设备的活动部件中，当活动部件中有新的黄油溢出时方可停止注油。

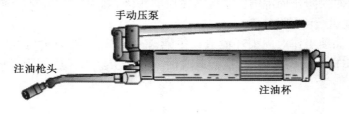

图 2-16 黄油枪

2. 加油壶

加油壶的使用方法为：将润滑油加入加油壶内，倾斜加油壶或压动加油壶上的按钮，油即可流出。

3. 气动润滑脂加注机

气动润滑脂加注机又称高压黄油枪，由气动泵、储油罐、油面压板、高压输油管、注油枪头等构成，如图2-17所示。它是利用船舶压缩空气管系中的气源（0.3～0.6 MPa）驱动的气动泵将黄油加压至18～40 MPa，再通过高压输油管将黄油输送至注油枪头高压压出的。其每分钟的输油量可达0.5～1 kg。其优点是安全、省力，油压高，注油效率高，能解决高处加油点加油不方便的问题。

气动润滑脂加注机的使用方法：

（1）将一桶装有20 L黄油的桶盖打开，打开气动润滑脂加注机的储油罐上盖，将油散装放入罐内或整桶放入，盖上油面压板，再盖上储油罐上盖。

（2）接通甲板空气管，通知机舱供应甲板压缩空气。

（3）将注油枪头顶进或锁住甲板设备的加油嘴，按动油枪上的注油开关，油就被加入设备内部。如果加油处过高，可连接加长油管（20～30 m）即可。

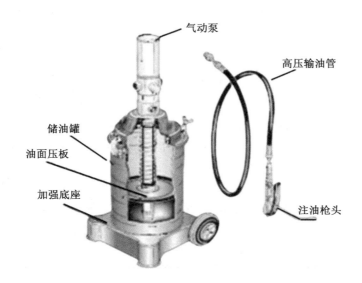

气动泵

高压输油管

储油罐

油面压板

加强底座

注油枪头

图 2-17　气动润滑脂加注机

三、加油时的注意事项

（1）加油前，要对有关设备进行检查，各接口是否有泄漏，工作是否正常。准备好抹布或棉纱以备清洁时使用。

（2）加油前，要清洁加油嘴表面，除去污垢和漆皮，用一段铁丝活动加油嘴上的顶珠。

（3）在加油时，应边用手转动或活动设备上的活动部件边加油，使部件的各个部位都能加满油。溢出的黄油要及时用抹布或棉纱清洁。

（4）在涂钢丝油时，一定要涂均匀，且使油进入钢丝的股缝中，不要产生流挂现象。特别是在从气温低的海域开往气温高的海域的船舶上涂钢丝油时，涂油一定要薄，以免因气温升高，使钢丝油的黏度降低而滴落在甲板上。在给钢丝、螺杆加油时，可使用扁刷和弯头刷。

（5）对于高于工作基面 2 m 以上的加油点，工作人员一定要严格按高空作业的要求进行加油工作。

第五节　高空与舷外作业

在船体保养中，高空与舷外作业是经常进行的作业。由于工作条件的特殊性，船员应掌握好作业技能和安全操作要求，以便安全熟练地进行相关操作，保证作业安全。

一、高空作业

高空作业系指在距坠落高度基准面 2 m 或 2 m 以上的高处作业，工作基面是指可能坠落范围内最低处的水平面。在船上，高空作业主要是指在桅杆、烟囱、驾驶室外、支索等处的作业。高空作业主要是依据作业现场的条件，利用单人坐板或双人架板进行。作业时，作业人员不仅需要熟练的技巧,还要胆大心细,注意其他作业人员之间的相互协调和配合,以保障安全顺利完成作业任务。

（一）大桅作业

船舶大桅作业,通常是指利用单人坐板在桅上进行的除锈、涂漆、维修、安装属具等作业。

1. 作业用具与物品

（1）单人坐板 1 块,如图 2-18（a）所示。

（2）系结坐板的作业绳索 1 根,直径为 20 mm,长度为略长于 2 倍桅高的植物纤维绳,俗称上高绳。

（3）安全带和保险绳。

（4）系有尾索的辫子滑车 1 个,如图 2-18（b）所示。滑车的绳孔应与直径为 20 mm 的植物纤维绳相匹配。

（5）作业使用的工具及工具袋 1 套。

（6）作业人员劳动保护用品（安全帽、手套、防护眼镜等）。

2. 作业操作

（1）首先认真检查上高作业使用的上高绳、滑车、单人坐板等索具是否安全可靠。

（2）作业人员系好安全带和保险绳,带上 1 根工作绳索,爬梯上桅,到位后系好保险绳,利用工作绳将尾索滑车、上高绳等由下向上提升到所需位置,然后固定好滑车。

爬梯时应注意,作业人员必须两手交替抓住梯子竖杆（或梯的横挡）,两脚向上一步一步地踏稳。在桅上安装滑车前,一定要系牢保险绳,选择牢固适合的位置,将滑车尾索系牢。

（3）桅上作业人员将工作绳穿过固定好的滑车,如图 2-18（c）所示,传递给甲板上的作业人员;甲板上的作业人员将上高绳的一端在坐板上打一双编结（双索花）连接好,双编结打好后必须留出 1.5 m 左右的绳头（以便作业人员系用）,然后拽住上高绳用力试一试是否牢固可靠,然后将上高绳另一端穿过单人坐板（防止拉升时坐板晃荡）拉升至桅上作业人员的合适位置。

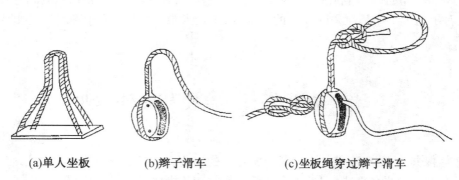

(a)单人坐板　　　(b)辫子滑车　　　(c)坐板绳穿过辫子滑车

图 2-18　高空作业用具

（4）桅上作业人员将坐板上双编结以上的上高绳的力端和绳根用左手抓紧,用右手将穿过单人坐板中间（双编结下边）的上高绳力端提起来,与左手抓紧的两根绳子并在一起,这样左手握住的绳子就是三根了;利用打双编结余下的绳子在左手握住的三根绳子上打丁香结,将三根绳子一起捆住,稍收紧丁香结;为防止松脱,应将上高绳力端的部分绳段压在臀部下,或在坐板上打一半结。

（5）桅上作业人员用脚使劲踏几下坐板，检查是否牢固，然后作业人员坐入坐板，再利用打结余下的绳子，绕过后背作拦腰绳，并打丁香结系在坐板绳上。用工作绳子将作业所需要的工具拉升至桅上作业人员附近，就可以工作了。当工作告一段落，需要往下移动时，应先松保险绳，将它系在低一点的位置上，将压在臀部下的绳索放开，然后左手握住双股上高绳，右手略松上高绳的活端，由于人的重力作用，坐板会自然向下慢慢滑动，当松到所需工作位置时，上高绳活端松放停止，将松降结收紧，活端绳子压在臀部下，按此方法依次重复进行，直至降到甲板上工作结束为止，如图 2-19 所示。

图 2-19　松降坐板的姿势

（6）桅上作业结束后，作业人员应解开单人坐板，拉下上高绳，将绳子盘好，然后爬上桅杆，系好安全带，解开滑车，利用工作绳将滑车松吊至甲板，解开安全带，下桅梯，收拾清理好工作现场，将属具用品搬回原处存放好，以便今后工作再用。

（二）烟囱作业

对船舶烟囱外壳进行除锈、清洁、涂漆和描画烟囱标记等工作都属于烟囱作业。烟囱形状大多是椭圆形或圆形，故烟囱作业的活动面积少，缺少固定点，因此，烟囱作业一般会采用搭架板或使用单人坐板工作，具体采用哪种方法，应根据实际情况决定。下面以双人架板作业为例来介绍烟囱作业情况，使用单人坐板进行烟囱作业的情况可参照（一）大桅作业。

1. 作业用具与物品

（1）双人架板，如图 2-20 所示。

（2）架板工作绳 2 根，直径为 20 mm。工作绳为植物纤维绳，绳长为烟囱高的 2 倍以上。

（3）木滑车 2 个。

（4）安全帽、安全带与保险绳。

（5）工作绳为直径在 8 mm 左右的纤维绳，绳长不低于作业高度。

（6）视烟囱情况，有固定环的准备好卸扣，无固定环的则准备好"S"形钩子。

2. 作业操作

（1）检查作业所需要的工具物品等是否齐备安全。

（2）作业人员系好安全带，随身带保险绳、工作绳各 1 根，从烟囱内梯子爬到烟囱顶。

（3）选好位置站稳扶好，系好安全带和保险绳。松放下携带的工作绳，将下面的滑车、架

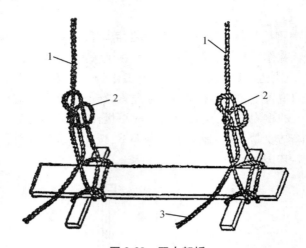

图 2-20　双人架板
1—架板绳；2—单套结；3—架板绳绳头

板绳、卸扣拉升到烟囱顶上。根据作业的工作位置，用卸扣安装好木滑车，将 2 根架板绳分别穿过滑车，松垂到下面。

（4）烟囱下面的作业人员，把上面松垂下来的 2 根架板绳各留出 3 m，分别在架板两端各打一架板结，然后，将留出的绳端拉至同一架板结绳的另一边，构成等腰三角形，打一单套结，余下绳头备用，拉起 2 根架板绳的力端，将架板平衡吊起。

（5）烟囱顶上的工作人员在架板两端单套结下端穿过工作绳力端，用单套结的余下绳头打一松降结，并采取好防止绳子松脱的措施。

（6）烟囱顶上的工作人员分别到架板两端进行工作。

（7）工作段需要向下移动时，作业人员之间要相互沟通，坐在架板上一起用松降结放落架板直至工作位置时止，然后收紧松降结重新工作，直至工作结束。

（8）工作结束后，松解架板结、保险绳，作业人员再从烟囱内梯子爬到烟囱顶上将滑车拆下，清理好现场。

3. 作业时的注意事项

（1）作业人员应和机舱联系好，烟囱的热度不能过高，不能拉汽笛，不能放蒸汽等，以确保作业人员的安全。

（2）作业结束后，水手长应派人检查烟囱内部，不要留存任何物件。

（3）必要时，烟囱顶上也可以设一名协助作业的人员。

（三）驾驶室外作业

驾驶室外面需要保持清洁、美观，因此要经常进行清洗，敲铲除锈、涂漆。驾驶室外作业方式与烟囱作业搭架板作业类似，在此，作业方法就不再具体介绍了，但是，由于驾驶室外罗经甲板及驾驶室外两舷侧甲板没有或者很少有将工作绳生根固定的专用环，所以，安全固定是需要作业人员慎重选择的。

（四）高空作业的安全注意事项

（1）从事高空作业应该选派身体和技术条件较好的人员，并由水手长在现场指挥，必要时由部门长指挥。指挥人员应对作业现场进行详细检查,因故离开时须指定资深人员代替。指挥人员负责监护作业现场下方一定范围内禁止人员逗留或从事其他工作。

(2)作业前,指挥者应向全体作业人员布置工作内容、交代安全注意事项及人员配备等,必要时应该进行操作示范。

(3)作业前,必须对作业中使用的工具物品,如坐板、索具、安全带等严格检查,禁止凑合着使用的情况发生,以确保安全作业。

(4)工作绳必须是专用的。

(5)高空作业人员必须做到:

①戴好安全帽。

②安全绳与工作绳分开系牢。

③工具、物料放在专用工具袋(桶)内并用工作绳传递,禁止抛掷。

④拆装的零件、工具要收放好,避免坠落。

⑤禁止一手携物一手扶梯上下。

⑥作业人员在作业前禁止饮用含酒精的饮料和服用含有镇静剂成分的药物。

⑦作业人员的着装要符合安全作业的要求,服装不能肥大笨重。作业人员不准戴皮手套,不能穿不合脚的鞋,不能穿硬底鞋或胶靴。

(6)作业时,应派专人在现场配合协助,协助人员应戴安全帽并时刻注意高空作业人员的状况及作业下方的情况。

(7)高空作业下方一定范围内禁止人员通过或作业。

(8)在舱口上方进行高空作业时应该将舱盖全部关闭。

(9)船舶在航行中,船身明显晃动时,如无特殊需要,禁止高空作业。

(10)高空作业位置如接近汽(电)笛位置,必要时应在关闭汽(电)笛或者鸣放汽(电)笛时预先通知作业人员,避免作业人员因受惊吓而发生意外事故。

(11)高空作业时,如果坐板由协助人员利用起货机滚动松降,在松放时,一定要协调好。作业人员应坐好,手把住合适位置。协调人员松放时,每次松放距离不可以太大,松放速度不可以太快,应服从高空作业人员的要求,注意高空作业人员的反应,以保证安全。

二、舷外作业

舷外作业一般是指在空载水线以上的船体外部作业。

(一)船体中部的舷外作业

船体中部舷侧外板平顺,舷墙上可供固定架板的设施比较多,工作起来比较方便。

1. 工具物品

(1)架板,俗称跳板,采用优质木板,长2.5~3.5 m,宽约40 cm,厚2.5 cm以上,可以保证一定的工作范围和使用时的强度。

(2)架板绳,俗称搭跳绳,采用直径在20 mm左右的白棕绳,按船舶大小、船舷的高低来决定架板绳的长短,一般用30~40 m长的绳子2根。

(3)安全带及保险绳,安全带采用全身式安全带,保险绳采用12~16 mm长的纤维绳。

(4)工作软梯。

（5）作业人员的劳动保护用品。

（6）传递工具、物料用的工作绳。

（7）作业时所需的常用工具及盛装桶（袋）。

2. 作业操作

（1）将作业所需工具物品带到作业场所，首先要检查架板、安全带、保险绳等是否处于良好状态。

（2）检查其他工具物品是否安全可用，是否充足。

（3）用 2 根架板绳分别在架板两端有支撑木处打好架板结（打结时将架板绳对折，用中间部分在架板上打结），并检查确认架板结打得正确牢固。

（4）架板有支撑木的一面是反面，没有支撑木的一面是正面。支撑木固定在架板上，一端长，一端短，在使用时支撑木长的一端朝向船壳（朝向里）。

（5）将打好架板结的架板抬到舷外，支撑木长的一端朝下，短的一端朝上，架板正面朝向船壳。把架板放置在所需要的工作位置上，收紧里档绳子，松放外档绳子，使架板正面朝上，适当调整使架板平面外沿比内沿稍高一点，这样作业人员坐上去比较舒适。

（6）将两端架板绳在舷边栏杆上打一架板活结，有的船舶舷边没有栏杆，只有舷墙，可以在舷墙合适位置上打旋圆两半结后固定，或挽在附近羊角上系牢，要使绳子固定牢固、易解、安全又便于工作。

（7）架板固定好后，操作人员系好安全带和保险绳，保险绳的长度要适当，太长就失去了意义，太短则会妨碍工作，一般以架板到舷墙边的高度为宜。将保险绳的一端用单套结系在舷墙栏杆上（或挽牢在舷墙羊角上）。

（8）如果放下的架板距离舷墙不太高，工作人员可跨出栏杆或舷墙，两手握住架板绳，两腿稍微弯曲，两脚前掌踏抵在船壳板上，慢慢地向下挪动，或两脚夹住绳索滑下。如果架板放得太低，可放下工作软梯，由软梯下至架板。上下软梯时，双手握住软梯的边绳索，一脚在里档蹬踏，一脚在外档蹬踏，以减小软梯的晃荡幅度。

（9）下到架板后，手握住架板绳，先用力蹬一蹬架板，试一试架板是否牢固，并使架板上的绳结吃力，然后调整好安全绳的长度。如果站在架板上作业，最好在架板绳两边外端距架板 1 m 左右（一般齐腰高）系一拦挡的绳索，以保证作业人员安全。

（10）架板上的作业人员准备好后，协助人员把工具和物品装进工具袋或小桶内，利用工作绳递给架板上人员，并将工作绳固定好，以便于作业人员取用，又可以防止不慎掉入水中。

（11）工作面作业结束后，作业人员应利用绳索或软梯爬上甲板，松解保险绳，收回工具桶（袋），解开舷墙上系固的架板活结，将架板移至另一个作业面，继续工作。

（12）收架板时，由两人同时用双手拉起架板两端外档的架板绳，拉起架板至甲板上，如果是油漆作业收架板时，要注意防止架板划擦油漆面。

（13）如果作业是从上而下且移动高度较大，而不是固定某一位置时，也可以采用可松降的架板结，以减少甲板上协助人员松放架板的麻烦。

可松降的架板结的作业方法：

①在准备索具时，要选用 2 个带有尾索的滑车。

②在作业现场将 2 滑车以架板两支撑木的间距为标准系牢在舷墙上或舷墙栏杆上。

③备妥 2 根直径在 20 mm 左右的纤维绳作为架板绳，其长度以作业面的干舷高度的 2 倍

再加上 2 m 左右为宜。

④在打架板结时,应用绳子的一端并留出 2 m 左右。在架板上打好架板结,提起架板绳头短的一边,和另一边绳打一单套结,打结时注意 2 根绳应是等高的,单套结打完后应留出 1 m 左右,以备打松降结时使用。

⑤将长一端绳头穿过固定好的滑车绳孔,串引到架板结上从单套结底下穿过折向上方,将 3 根绳合在一起,利用余下的 1 m 左右绳子在单套结上边打一丁香结。

⑥将架板移至舷外,作业人员利用软梯下至架板上,试一下架板是否牢固,必要时,将架板拦挡的绳子系好。

⑦当作业告一段落,需要下移时,作业人员站在架板系结一端,利用松降结松放,自己控制下降速度和距离。

(14)工作结束后,作业人员顺软梯爬上甲板,松掉安全带,收好工具,清理架板绳并盘放好,清理现场,将工具物品放回原处存放。

(二)船舶首、尾部的舷外作业

船舶首、尾部利用架板进行舷外作业比船体中部困难,因为船型的关系,船舶首、尾部的两舷都是向里边凹的,架板放下后,无法贴近船舷,作业人员操作比较困难。当架板搭好后,作业人员必须通过工作软梯上下至架板上,作业人员坐好后,工具也被送下,作业人员应收放好。然后,协助人员必须用一根直径在 20 mm 左右的纤维绳作为拦架板绳。在架板首或尾的一边固定后,再顺拉至架板外围绕到另一舷甲板上逐渐收紧,直到作业人员能工作后再将其系牢于另一舷甲板上,然后用小绳将架板和拦架板绳扎紧,以免移动。如果船壳上焊有小铁环时,工作人员下至架板后,应用小绳将架板和小铁环连接并拉近固定好。固定绳结应系在架板绳上,以方便解脱。

(三)利用起重设备和专用工作架板的作业

有的船舶在船壳油漆作业时采用专用工作架板,用甲板起重机或吊杆来吊放,可提高工作效率,减轻劳动强度。

专用架板比普通架板长 1 倍以上,也比较宽,可供 4 个工作人员在上面工作。架板两边各有 2 个吊环,供固定钢丝吊索用。架板两边还有若干栏杆插座,供安装栏杆使用。架板两端各装 1 根拉索。使用时,用甲板起重机将架板吊起,将拉索系于甲板上,由两人控制,这样在吊放时,可使架板不晃动。起重机将架板吊至舷外后,收紧前后拉索,工作人员即可登上架板,并将一定长度的保险绳系在甲板栏杆或适当位置。利用甲板起重机变幅和旋转,可以调整架板的位置,但要注意牢牢控制好 2 根拉索,以防将人员摔出架板。如用吊杆,则将相邻两舱一舷吊杆伸出舷外组成联合双吊,也可控制架板的位置。

(四)舷外作业的安全注意事项

船舶在航行中不能进行舷外作业,在港内进行舷外作业时应遵守港口有关作业和防污染的规定。作业要求:

(1)作业前,大副、水手长一定要将作业的技术要点、安全注意事项讲清楚。水手长要检查舷外作业的绳索、架板及其他属具等是否存在安全隐患。把不安全因素消除在作业前。

(2)甲板上应有专门负责协调的人员,并现场备好救生圈、救生烟雾信号和其他能立即使用的救生设备。作业人员必须系好安全带、安全绳,根据工作需要使用劳动保护用品。

（3）通往舷外的影响作业的排水口、泄水口要关闭或封闭,通知有关人员禁止使用,避免妨碍作业人员或对作业人员造成潜在不安全影响。

（4）作业时需要移动架板位置,对可松降的架板除外,在架板上的作业人员一定要先爬上甲板,再移动架板,原则上移动架板时,架板上禁止有人。

（5）在进行架板作业时,最好坐着进行作业,如果确实需要站立作业,应事先将架板拦腰绳系挂好,以确保安全。

（6）作业中需要传递工具时,架板上下的人员不能抛掷传递,必须用专用工具袋和工作绳传递,避免发生意外。

（7）下架板时,不可直接跳下架板,必须利用绳索或工作软梯,原则上架板上的工作人员不可超过2人,作业时必须互相照顾、互相提醒。

（8）利用专用浮具作业,必须穿救生衣,船上应显示慢车信号,浮具上应备有救生圈,浮具两端系缆应有专人照料,随时提醒作业人员防范过往船只造成的涌浪。禁止作业人员跟随浮具上下船舶,应使用工作软梯登离浮具。

（9）当在甲板上的人不易看到工作地点时,应在工作地点上方或栏杆上等处张贴正在进行工作的标识。

思考题

1. 试述船体保养的目的。
2. 试述船舶甲板的冲洗方法及注意事项。
3. 试述船舶驾驶台、上层建筑和舱室内部的清洁方法。
4. 试述船舶常见的锈蚀种类和除锈方式。
5. 试述除锈的基本要求和安全注意事项。
6. 试述常见的手动除锈工具及其使用方法。
7. 试述常见的机械除锈工具及其使用方法。
8. 简述油漆的用途。
9. 试述油漆涂装的总体要求。
10. 试述油漆用量的估算方法。
11. 试述油漆作业前的准备工作。
12. 试述调配色漆的要求和注意事项。
13. 试述油漆涂刷的基本要求、步骤及注意事项。
14. 试述扁刷、滚刷操作的方法与技巧。
15. 试述空气喷涂和无气喷涂的基本原理和要求。
16. 试述油漆涂装的安全注意事项。
17. 试述润滑的作用。
18. 试述船舶常用润滑油的分类及作用。
19. 试述常见的甲板润滑设备的使用方法及注意事项。
20. 试述高空作业的要求、主要做法和安全注意事项。
21. 试述舷外作业的要求、主要做法和安全注意事项。

第三章
甲板设备操作

船舶甲板设备主要包括锚设备、系泊设备、舵设备、装卸设备等。甲板部船员应了解这些设备的主要组成和性能,熟练掌握它们的使用操作以及检查、维护、保养等方面的专业知识和技能。本章重点介绍系泊设备。

第一节 系泊设备操作

船舶在靠离码头、系离浮筒、傍靠他船或进行顶推作业时,需要操作系泊设备。

一、系泊设备及用品

船舶系泊所需的设备和用品主要包括系船缆、导缆装置、挽缆装置、绞缆机械、系缆卷车及系泊属具等。

(一)系船缆

系船缆简称系缆(mooring line),靠泊时用于绑牢船身,拖带时用于传递拖力。理想的系缆应具有强度大、弹性适中、耐腐蚀、耐摩擦、密度小、质地柔软、使用方便等特点。

1.常见系缆的种类与特点

目前,船上常见系缆主要有化纤缆和钢丝缆两种。与同直径的植物纤缆相比,化纤缆质轻,抗拉力强,耐腐蚀。钢丝缆则强度大,使用寿命长。

有的船采用复合缆,复合缆是用钢丝绳作为绳芯,用纤维绳数股混合编绞而成的,其强度优于其他化纤缆。复合缆的伸长率较小,质地柔软、重量轻、操作方便,但因价格高昂,不便于维护保养,还未被广泛采用,在船上一般被用作拖缆、绑扎、固定绳索等。

2.靠泊码头时,系缆的名称、作用

船舶系缆根据其位置、出缆方向和作用的不同可分为:头缆(head line)、艉缆(stern line)、前倒缆（fore spring line）、后倒缆（after spring line）、前横缆（fore breast line）、后横缆（after breast line）等，如图 3-1 所示。

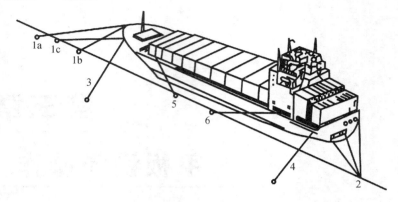

图 3-1　系缆名称

1a—外档头缆；1b—包头缆；1c—里档头缆；2—艉缆；3—前横缆；4—后横缆；5—前倒缆；6—后倒缆

（1）头缆

头缆又称艏缆。从外舷出缆者称为外档头缆。如果它绕过船头而与码头岸线交角很大，则称为包头缆。从里舷出缆者也可称为里档头缆，俗称拎水缆。头缆主要用来承受来自船首方向的风、流等外力的作用，防止船位后移和外张。

（2）艉缆

艉缆主要承受来自船尾方向的风、流等外力的作用，防止船位前移和外张。

（3）前倒缆

前倒缆主要承受来自船尾方向的风、流或动车推力的作用，防止船位向前移动及船首外张。在离泊作业中，常用前倒缆带住船首，利用车舵或风、流的作用，使船尾甩出，再用倒车使船驶离泊位。

（4）后倒缆

后倒缆主要承受来自船首方向的风、流推力和倒车拉力的作用，防止船位向后移动及外张。

（5）前、后横缆

前、后横缆主要承受来自船舶横向的风、流等外力的作用，用以保持船舶与泊位紧靠。

以上系缆在系泊时，并不一定同时采用，而是根据船舶和码头的具体情况，如船舶的大小、缆绳的强度、停泊时间的长短、天气和潮汐及港口内涌浪等诸多因素的影响程度而定。如果没有吹开风或吹开风不大时，可以不带横缆，头缆与艉缆至少内、外档各 1 根。在抗台时或涌浪较大的港口还应使用保险缆，以保证系泊安全。

3. 系浮筒时，系缆的名称、作用

（1）单头缆

单头缆（buoy line）从船头或船尾送出，其前端琵琶头与浮筒环连接，俗称单头。单头缆艏艉至少各 2 根，用以承受系泊力。强风、强流时，还应增加其数量。

（2）回头缆

回头缆（slip line）在船头或船尾由一舷送出，穿过浮筒环后再从另一舷拉回船上系牢。回头缆艏艉各1根,平时不承受系泊力(处于松弛状态),只有在离浮筒时使用,作为最后解出的系缆,由船员自行解脱。

(二)导缆装置

导缆装置(Fairlead)是供船舶系泊时导引系缆、改变系缆走向、减少急弯急折、限制导出位置及减少缆绳磨损的装置。常见的导缆装置有导缆孔、导缆钳、滚轮导缆器、滚柱导缆器和导向滚轮等。在艏艉及两舷都设有导缆装置。

1. 导缆孔

导缆孔又称巴拿马孔(panama lead，panama towing pipe),为圆形或椭圆形的铸钢件,如图3-2所示,一般开设在主甲板舷墙处、带缆桩附近。系缆经过导缆孔时,接触面呈圆弧形,以避免对系缆的切割,也便于系缆琵琶头顺利通过,但会产生一定的磨损。

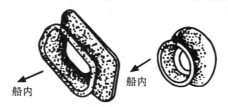

图 3-2　导缆孔

2. 导缆钳

导缆钳一般采用铸造方式制成,有整体式和组合式两种。其形式比较多,有闭式和开式、无滚轮式和带滚轮式等,如图3-3所示。导缆钳通常装在舷边,多见于船首尾部。为了减轻对系缆的摩擦,船舶多采用滚轮式导缆钳。

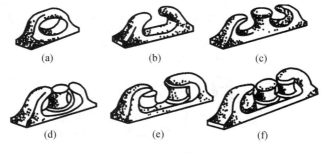

(a)　　(b)　　(c)

(d)　　(e)　　(f)

图 3-3　导缆钳

3. 滚轮导缆器

滚轮导缆器(roller fairlead)一般设于船舷,由数个滚轮并立组成,如图3-4所示。

4. 滚柱导缆器

滚柱导缆器(multi-angle fairlead)一般设在甲板端部,也称万向导缆器,可以引导来自任意方向的缆绳。这种导缆器在孔的左右及上下均设有滚轮或滚柱,大大减小了缆绳通过时的摩擦力,如图3-5所示。

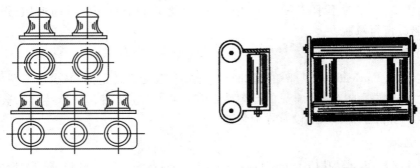

图 3-4 滚轮导缆器　　　　　　　图 3-5 滚柱导缆器

5. 导向滚轮

导向滚轮（pedestal fairlead；old man）装置在甲板上，并配有台座，是引导缆绳通向绞缆机械的单滚轮导缆器，如图 3-6 所示。

图 3-6 导向滚轮
1—滚轮；2—羊角

（三）挽缆装置

为了靠泊和拖带作业时固定缆绳的一端，在船首尾甲板和船中部甲板等部位设有挽缆用的缆桩。缆桩有铸造的，也有用钢板围焊而成的。因为使用时其受力很大，所以要求其基座十分牢固。其主要类型有直立式、斜式、双十字式双系柱，也有羊角式、单系柱及单十字式系柱等，如图 3-7 所示。大中型船多采用双柱缆桩。

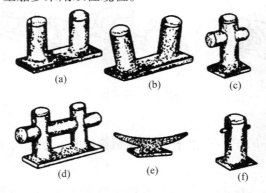

图 3-7 缆桩

（四）绞缆机械

绞缆机械用于绞收缆绳，包括绞缆机和兼具绞缆功能的锚机等。船首绞缆机由锚机兼作，船尾则专门设有绞缆机，有些大型船舶的中部还专门设有系缆绞车。绞缆机按其动力分，有电动绞缆机、电动液压绞缆机和蒸汽绞缆机三种;按卷筒轴线位置分,有卧式绞缆机和立式绞缆机两种。

1. 卧式绞缆机

普通卧式绞缆机(horizontal warping winch)的卷筒由电动机经过减速后驱动运转,占用甲板面积较大,如图 3-8 所示。

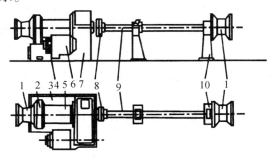

图 3-8　卧式绞缆机

1—滚筒;2—墙架;3—底座;4—圆盘刹车;5—主滚筒;6—电动机;7—减速箱;8—联轴节;9—主轴;10—轴承座

2. 立式绞缆机

立式绞缆机又称系缆绞盘(vertical warping winch, capstan),如图 3-9 所示,还有一种叫无轴式系缆绞盘,其电动机装在卷筒里面。因立式绞缆机的动力装置一般设在甲板下面,所以占用甲板面积小,有利于保护机器。

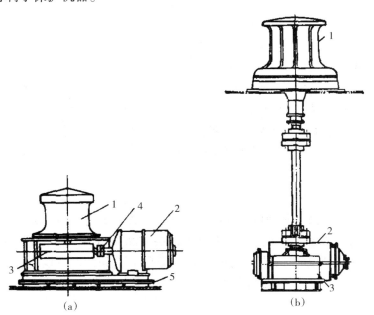

(a)　　　　　　　　　　(b)

图 3-9　立式绞缆机

1—滚筒;2—电动机;3—减速箱;4—联轴器;5—底座

近年来,随着船舶的大型化和自动化程度的不断提高,不少新造的船在船首尾配备了自动系缆绞车(auto-tensioning winch)。其可以根据操作需要接合或脱开。每一自动系缆绞车的卷筒上卷缠固定 1 根系缆,有自动排缆装置,使卷入的缆绳能自动在卷筒上排列整齐。它能根据系缆的受力情况自动调整系缆的长度,当缆绳张力超出一定范围时,缆绳会自动放出,而缆绳松弛时能自动收紧,所以其能随潮水涨落或船舶吃水变化自动收放缆绳,减轻了船员的劳动强度,但因使用时频繁收放容易磨损系缆,且可用来自动绞收的缆绳数量有限,一般万吨级货船只有头缆和艉缆中的 2~3 根可以自动收放。而当船舶吃水、潮汐或风力等使缆绳张力变化很大时,仍需人工及时调整所有的缆绳。根据 IMO 的要求,停泊中的油船,其自动张力绞缆机应置于"不自动"的工作状态。自动绞缆机的动力源有电动的,也有液压的。

（五）系缆卷车

系缆卷车(reel)是存放缆绳的装置,简称卷车,如图 3-10 所示。凡是用钢丝缆作系缆的船舶都配有专用的缆车,用来卷存钢丝缆。卷车不仅使用方便,操作快捷,节省劳力,而且可以防止钢缆扭结。卷车由滚筒、座架等组成,装有刹车,便于控制溜缆速度,卷车上大多装有齿轮装置,这样可使收卷钢索时省力。

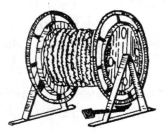

图 3-10　系缆卷车

（六）系泊属具

1. 制索绳及制索链

制索绳(rope stopper)及制索链(chain stopper)装在缆桩附近,用来暂时制止缆绳溜出,便于缆绳上桩挽缆。化纤缆使用制索绳,钢丝缆则使用制索链,如图 3-11 所示。制索绳有单根及双根之分,制索链则由一段链条、一个卸扣及一段绳索组成。船首尾经常带缆的缆桩附近都应装设与所带缆绳相适应的制索绳或制索链,同时船首尾库房应有一定数量的备品,以便随时取用。

2. 撇缆绳

撇缆绳(heaving line)长约 40 m,直径 6 mm,一端作一眼环,另一端系一撇缆头。撇缆头常采用硬橡皮制成。船靠码头时,从船上抛给码头带缆人员,作为从船上向码头送缆的牵引绳。在船舶遇到紧急情况时,靠人力无法抛出很远距离,会采用抛绳设备(throwing line apparatus)进行撇缆作业,其抛射距离可达 230 m 以上。

3. 碰垫

碰垫(Fender)俗称靠把、靠球,用来缓冲船舶与码头相撞时的力度以保护船舷。大型碰垫用橡皮、圆木或塑料等制成,小型碰垫外面用纤维绳编制,里面填以软木或棕丝等。

4. 挡鼠板

挡鼠板是由金属或塑料制成的圆形或伞形挡板,系卡在船舷系船缆上,用以防止鼠类沿缆

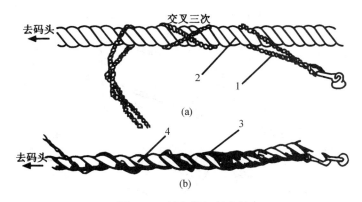

图 3-11　制索绳与制索链
1—制索绳；2—化纤缆；3—制索链；4—钢丝缆

绳来往于船岸间,如图 3-12 所示。

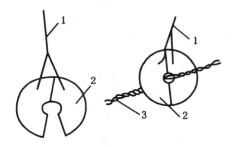

图 3-12　挡鼠板
1—细绳；2—挡鼠板；3—缆绳

二、靠离码头作业

靠离码头作业是船员必须进行的基本作业之一。为使船舶能安全、快速地靠离码头,船员应熟练掌握靠离码头操作技能。

作业前,要做好人员分工,并提前通知船员上岗并各就各位。船长在驾驶台指挥,三副协助船长并操作车钟,水手操舵,大副和二副分别是船首和船尾的现场负责人,木匠和水手长分别在船首、船尾操作锚机和绞缆机。

操作人员应穿工作服、安全鞋,戴安全帽、手套等,并按要求提前进入工作区域做好各项准备工作。操作时,人员应精力集中,执行命令要正确、迅速,彼此密切配合、互相关照,及时提醒,严格遵守操作规程,保证操作人员的安全。遇到不明或突发紧急情况时,应立即询问和报告,并采取相应的有效措施。

(一)系泊作业

1. 准备工作

(1)缆绳的准备

工作人员应清理带缆场地,并根据指令在甲板上布设缆绳。将选定先带的各根缆绳倒出一部分排放在甲板上,并把各自的缆绳琵琶头通过导缆孔、导缆钳或其他导缆装置后折回搭在舷墙、栏杆上或放在甲板上，如图 3-13 所示。

图 3-13　带缆前缆绳的准备
1—缆绳；2—琵琶头；3—导缆钳；4—甲板

检查缆绳，如有过度磨损则不能使用。缆绳出缆时选择合适的导缆孔，一般每 1 个导缆孔出 1 根缆绳，使缆绳不互相交叉，缆绳与船之间不发生过度磨损，便于上滚筒或缆车收绞。为了方便带缆工人操作，每根缆绳眼环上系 1 根直径约为 24 mm、长约为 3 m 的化纤缆，一端插成 1 个眼环，便于码头上多人拖带或车辆拖带缆绳。

（2）绞缆机械的准备

锚机、绞缆机试转，并润滑运动部件，使绞缆机械处于可靠的使用状态。

（3）撇缆绳的准备

在船首尾部，各准备 2~3 根撇缆绳，并将撇缆绳盘好暂放在甲板上，以便听到撇缆指令后能立即按照要求迅速抛出撇缆绳。

（4）制索绳（链）的准备

化纤缆应准备纤维材料的制索绳。钢丝缆应准备钢质的制索链。制索绳（链）在使用前应对其进行检查，如有过度磨损，则不能使用。制索绳的直径为 25 mm 左右，长度约为 3 m。制索绳一端的眼环用卸扣连接在缆桩附近甲板的地令上或套在缆桩上。大型船舶尽量使用双股的制索绳。为减小挽桩时缆绳由绞缆机移到缆桩过程中的松弛度，制索绳（链）尾端在缆桩的前端，制索绳（链）受力方向应尽量与绞紧中的系缆平行，一般与甲板面成 30°~45°。

（5）碰垫的准备

碰垫有固定的也有移动的，其材质有橡胶的也有纤维的。船舶靠离码头前应准备合适的碰垫，以便当船舶与码头发生接触时起到缓冲并减少损伤的作用。

（6）挡鼠板的准备

根据有关国际公约和各港口管理当局的规定，在带缆全部系妥后，必须在每根带缆上安装挡鼠板，以防鼠疫等传染疾病的传播。

2. 抛掷撇缆

当船舶距离码头至适当距离时，撇缆人员应根据指令立即抛出撇缆（撇缆操作详见本章第三节撇缆），如图 3-14 所示。撇缆前应先打招呼，使身边人员和码头带缆人员注意，避免撇缆头伤到人。

图 3-14　撒缆

撒缆成功后,迅速将撒缆根端在带缆琵琶头上系好撒缆活结,以连接缆绳,如图 3-15 所示。有些时候也可用 1 根撒缆同时系带 2 根系缆,可视当时的具体情况而定。如果是从码头抛上来的撒缆,撒缆绳与系缆琵琶头的连接应用圆材结。

图 3-15　撒缆绳与缆绳的连接

3. 出缆(松缆)

船首的带缆一般先出,因为船舶靠码头通常采用顶风顶流靠泊。船首通常先带头缆,然后出前倒缆等缆绳。当船首已带上头缆以及前倒缆并能控制船舶后,根据驾驶台的指令,船尾出缆,船尾出缆顺序应视具体情况而定。如果想防止船舶前移,应先出艉缆;如果想防止船舶后移,则应出后倒缆。

当码头带缆人员开始拉撒缆时,船上人员应及时将带缆以适当的速度送出舷外。松放缆绳的长度和速度要和码头带缆人员拉缆绳的长度和速度协调好。松放慢了,会使带缆人员拉拽困难;松放快了,缆绳则会堆积沉于水中或被水流冲向下流,不利于迅速带缆操作。松放缆绳时,决不允许用脚踏在缆绳上控制出缆的速度和长度,更不可站在绳圈中或骑跨在缆绳上,以防发生事故造成人员伤亡,可用制索绳在缆绳上打半结控制出缆。

4. 绞缆

当缆绳的琵琶头被码头上的带缆人员套在码头上的缆桩上后,船上便可以进行绞缆工作。绞缆人员应迅速将缆绳的自由端由上向下绕在绞缆机卷筒上。一般情况下,化纤缆绕 4 圈以上,钢丝缆绕 5 圈以上。缆绳决不允许重叠。操作者应双手拉持缆绳的自由端,站在距离卷筒后方约 1 m 处,接传绞进的缆绳,其他人解开缆绳扭结并将其盘好。

绞缆过程(快、慢、停)应在指挥人员的监控下进行。当绞缆机卷筒上的缆绳出现打滑现象时,应根据具体情况适当增加卷筒上缆绳的道数,以便于继续绞缆。船舶绞缆,通常船头先于船尾,尽量保持船体平行靠近并靠上码头。在船首与船尾操作的人员应控制好绞缆速度,默契配合,发现与泊位角度大时,靠得较近一侧的人员应立即停绞,甚至将缆车倒转松出一些缆绳,以解除缆绳的张力,便于另一侧船体接近码头。当缆绳受力过大时,不可硬绞,应待缆绳的受力减缓时再绞,即采取绞绞停停的方法,甚至视当时情况,采取绞送结合方式。在绞缆过程中,有关人员应注意缆绳的受力情况,除工作必须外,其他人员不可站在缆绳、导缆孔、导缆钳或卷筒附近,以防缆断伤人。

5.上桩挽缆(双柱缆桩)

当船舶靠上码头且处在其泊位时,应把受力的缆绳从卷筒上解下,挽到缆桩上。在所绞的缆绳未从卷筒上解下前,应先在导缆装置与缆桩之间缆绳的出缆方向的适当位置用制索绳(链)打好制索结,如图 3-16 所示,暂时制动缆绳。当制索绳(链)缓缓受力后,迅速将卷筒上的缆绳解下,并转移到缆桩根部的一侧,绕第一根缆桩一圈后,再在两根缆桩上挽"8"字形,此称之为大挽。钢丝缆至少挽"8"字形 5 道,并在最上 3 个交叉钢丝缆上用细绳打好系缆活结,以防钢丝缆滑出或跳出。化纤缆至少挽"8"字形 4 道。植物纤维缆至少挽"8"字形 3 道。化纤缆因其柔软有时只在一根桩上挽牢,称之为小挽。化纤缆和钢丝缆不能挽在同一双柱缆桩上。当因为某些因素需要增加系缆数目而缆桩不够用时,可将系缆在卷筒上挽缆,系缆全部被带妥后,应保证每根系缆受力均匀。双柱缆桩的挽法如图 3-17 所示。

图 3-16　双股制索结的打法

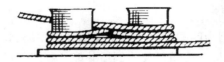

图 3-17　双柱缆桩的挽法

琵琶头在缆桩上的套法:从他船引到本船的缆绳,在缆桩上的套法如图 3-18 所示。当一根缆桩上要套两根系缆的琵琶头时,在缆桩上的套法如图 3-19 所示,这样不论哪根系缆先解开均不会影响另外一根系统。

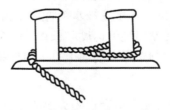

图 3-18　琵琶头在缆桩上的套法

6.结束工作

全部系缆都带好后,应在舷外的每根系缆上安装挡鼠板,查看绞缆机是否处于正常状态,将多余的缆绳盘好,收妥各种属具,并使作业场地清爽。另外,可视情况,对化纤缆经过的导缆孔等部位用麻袋或帆布包缠衬垫,以保护缆绳不被过度磨损。

(二)解缆作业

1.准备工作

解缆前,甲板部应做好人员的分工与准备工作。

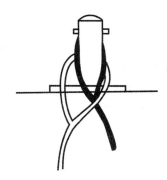

图 3-19　两根系缆套在一个缆桩上的套法

首先,应收进舷梯、舷外物品和挡鼠板,清爽场地,不允许有其他可能妨碍解缆操作的物品。其次,备好碰垫,检查缆绳有无异常情况,如每根缆绳之间是否有压挤现象,如果有应及时排除。再次,应将钢丝缆系缆活结解开。最后,试运转锚机或绞缆机并给其加油润滑,使其处于可靠使用状态。准备工作完毕后向驾驶台报告。

2. 解缆

根据驾驶台的指令,船首尾同时解去不需要的缆绳,船首只留头缆和前倒缆,船尾只留艉缆和后倒缆,此时船舶处于"单绑"系泊状态。

解缆时,应先把缆绳松出一些,使其不受力,以便码头解缆人员能轻松地把缆绳的琵琶头从码头缆桩上解掉。

3. 收缆

缆绳被解掉后,应立即上卷筒,在得到码头解缆人员的确认或示意后,才可以用绞缆机械绞收缆绳。收缆时,在保证安全的前提下,绞收速度宜快,特别是船尾缆绳的收绞速度,以保证驾驶台操纵船舶动车的需要。当缆绳琵琶头接近或通过导缆装置时,应缓慢绞进,以免受阻造成损坏或伤人事故等。

4. 结束工作

缆绳全部被绞收到船内后,可根据具体情况决定是将其入库还是在甲板上盘放。如在甲板上盘放,应在缆绳盘好后盖上帆布罩并固定好,将绞缆机械关闭,其他工具入库存放。

（三）系解拖缆操作

系解拖缆主要用于拖轮辅助商船靠离泊或应急拖带等场景。

1. 系拖缆

先了解是用拖船的缆绳还是本船的缆绳。如果是用拖船的缆绳,由于拖缆较重,单靠船首尾的船员体力有时难以拉上来,可准备直径 24 mm、长 20 m 左右的化纤缆充当引绳,将引绳通过导轮上的滚筒,如同绞缆方式一样绞进拖缆,套在两个缆桩的后端;如果是用本船的缆绳,一定要选择质量好、便于回收的缆绳。若 1 根强度不够,应准备 2 根合在一起,出缆的长度必须一致。按照驾驶台的要求将拖缆从指定的导缆孔送出,拖缆的长度根据拖船的指示确定。缆绳一定要上缆桩,否则会造成缆车的损坏。在缆桩上至少绕"8"字形 8 道以上,以防拖缆在缆桩上滑动。在使用拖缆拖船过程中,船员要远离拖缆,避免发生危险。

2. 解拖缆

当船靠泊或离泊后，根据驾驶台的指示，相关人员应将拖缆解脱。一定要在拖船靠在本船的拖缆孔处时，方可解脱；拖缆的绳环从缆桩解脱后，应给拖船发送解脱完毕的信号，同时拉住拖缆眼环上的系索，随着拖缆的收回，慢慢松给拖船，否则，如果缆绳突然从船上落下会伤及拖船的船员，拖缆上的系索也可能会缠到拖船的螺旋桨上。

在离泊中如使用本船的拖缆，在观察到要解拖缆时，应立即各就各位，快速解开缆桩上的缆绳，上滚筒，合绞缆车离合器快速将缆绳绞回船内，特别是船尾，速度应更快，以免影响船舶动车。

(四)靠离泊中,系缆的运用技巧

1. 靠泊带缆

靠泊带缆的时机和顺序取决于船舶的排水量、载重状态、风、流的影响以及靠泊操纵中系缆的作用等因素。对于小型船舶，船舶靠岸之前，在撇缆能及的距离上即可进行带缆，以便借助系缆的作用力来控制船舶的靠岸过程；中、大型船舶一般在船舶靠岸之后进行带缆。船舶靠泊带缆一般采用先带首部缆绳，后带尾部缆绳的顺序，而首部带缆顺序取决于风、流的影响。

(1)顶流靠泊带缆顺序

在有流港口，船舶多采用顶流靠泊方式。为了防止船舶靠岸过程中因流的影响而后退，一般先带头缆，并迅速收紧挽牢。待船体靠岸并就位之后，再带前倒缆、前横缆。尾部先带艉倒缆，然后带艉缆和后横缆。

(2)横风较强时的带缆顺序

有较强吹开风或吹拢风影响时，一般先带前横缆，无横缆缆桩时可将头缆和前倒缆同时带上，并迅速收紧。这样既可防止吹开风造成船首被吹开而陷入困境，又可防止吹拢风造成船尾靠拢过快而触碰码头。艉部先带后横缆，并尽快绞拢。

2. 离泊用缆

(1)单绑

单绑(single up)是指船舶离泊前解除操纵中不起作用的缆绳。小型船舶自力离泊单绑时，保留缆绳的数量取决于水的流向，一般船首保留 1 根头缆和 1 根前倒缆，顺流时保留 1 根艉缆，顶流时保留 1 根艉倒缆。中、大型船舶一般在拖船就位并发挥作用后再进行单绑。

(2)离泊倒缆的运用

小型船舶自力离泊时，一般采用尾离法，即借助前倒缆的约束力，短时微速进车，操内舷满舵，使船尾慢慢离开码头。这时，前倒缆可能会因受力过大而断缆，进而使船舶失去控制而酿成事故。因此，应选择强度大、质量好的缆绳作为尾离前倒缆，尽可能将其带在贴靠码头边而又接近船中部的缆桩上，并将其挽牢，以使其有足够的长度，减少其所受的应力，并严格控制进车时机。

(3)溜缆

离泊时，船首或尾部的最后 1 根缆，有时用来阻滞船首尾的偏转，或控制船身的前冲后缩，需将其做一时溜出、一时刹住的操作，这根缆绳俗称溜缆。溜缆使用的缆绳一般只用钢丝缆，通常在小型船舶离泊时使用。

（4）绞缆移泊

船舶停靠中,常由于某种原因需要向前或向后平移若干距离。如此时非风大流急情况,一般只要船首尾配合绞缆即可移泊。

向前移泊时,解掉里档头缆、艉缆,移向前方远处带上缆桩,前倒缆也适当前移,外档头缆上绞缆机,始终保持船首有 1 根头缆和 1 根前倒缆随时受力,使船首不致偏出码头过远而危及船尾的车舵;船尾也可同时绞收艉倒缆,松出艉缆,并适时将其带到较前的缆桩上,使船尾也保持较宽裕的受控状态。一次移泊距离不足,可反复进行,移泊完成后,带好并调整各缆绳受力,使其受力均匀。

向后移泊时,可绞收艉缆及前倒缆,但同样要有 1 根头缆使之随时受力,以保持船身的平行移动。绞缆时相关人员要前后配合,相互沟通,并在驾驶台的统一指挥下进行。绞缆速度不宜太快,也不要硬绞,以防断缆。如果风大流急,应用车舵配合或借助拖船进行移泊,以保证安全。

三、系离浮筒作业

（一）缆绳系离浮筒操作

1. 系浮筒操作

（1）准备工作

船首尾各准备 2~3 根配有卸扣的单头缆绳,另备 1 根钢丝缆作回头缆和 1 根供牵引回头缆的纤维绳牵引索。如果使用化纤缆,每根缆绳还应配备 1 个司令扣。其他系泊设备和用具的准备与靠码头时基本相同。

（2）系单头缆

当船舶驶近浮筒时,应将单头缆和卸扣通过导缆装置松至适当的位置;当带缆艇到缆绳的下面时,松缆绳给带缆艇。带缆艇将缆绳在艇上盘存一段后驶向浮筒,船上松缆速度与艇速相适应。当单头缆被带缆人员用卸扣（司令扣）与浮筒环连接后,绞收单头缆。等泊位调整合适后,再将单头缆挽到缆桩上。其他单头缆系带过程与前述相同。系离浮筒的缆绳布置如图3-20 所示。

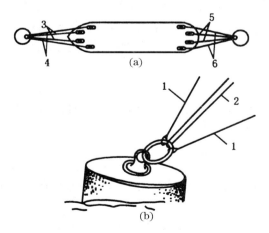

图 3-20　系离浮筒的缆绳布置

1—单头缆;2—回头缆;3—前单头缆;4—前回头缆;5—后单头缆 ;6—后回头缆

（3）带回头缆

单头缆全部带好后,再带回头缆。将回头缆和另一舷准备的纤维绳牵引索分别从两舷穿过导缆装置后降至适当位置,由带缆艇将回头缆和牵引索带到浮筒处,待回头缆穿过浮筒环后,用牵引索打单套结与回头缆连接,然后绞收牵引索。等回头缆被绞收到船上时将它上桩挽牢并打好系缆活结。然后将在另一舷的回头缆适当绞收并在缆桩上挽牢,同样在回头缆上打好系缆活结。回头缆的主要作用是使船舶离浮筒时,解单头缆更安全、方便、快捷。如果港口条件较好,拖船功率大、数量多,也可以不带回头缆。回头缆平时不可受力,应比单头缆松弛一些。有些船上配有回头缆活钩装置,如图 3-21 所示,使解掉回头缆操作更加方便、迅速、安全。船尾系缆方法与船首相同。

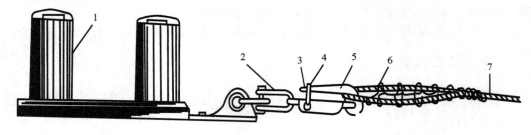

图 3-21　回头缆活钩装置
1—系缆桩;2—卸扣;3—插销;4—扣环;5—活钩;6—扎索眼的细绳;7—回头缆琵琶头端

2. 离浮筒解缆操作

（1）解单头缆

带缆艇到达浮筒后,根据驾驶台的指令,先松各根单头缆使其不受力,以便解缆人员解掉单头缆,然后将其绞收回船。此时船首尾各留 1 根回头缆。在有流的港口,一般是先解掉背流的单头缆,然后解掉迎流的单头缆。如果风、流较大,估计回头缆难于抵御风、流的冲击力时,往往需要拖船协助解缆。

（2）解回头缆

解回头缆之前,应确认回头缆的琵琶头被扎紧、缚牢。当驾驶台指示解回头缆时,船首尾的负责人员应立即将回头缆有琵琶头的一端解脱缆桩或脱开活钩,使回头缆琵琶头溜出船外,然后迅速将回头缆的另一端从缆桩上解下并上卷筒,迅速绞收回船。船尾回头缆的绞收应更快速些,以便动车。

（3）结束工作

全部系缆绞收完毕后,应做好清理收尾工作。关闭绞缆机械,缆绳、索具等复位或入库。

（二）锚链系离浮筒操作

1. 锚链系浮筒操作

在台风季节、大风时期或系泊时间较长时,采用锚链系带浮筒比缆绳系带浮筒更安全、可靠。

在用锚链系浮筒前,应做好相关准备工作。准备 1 个用于锚链环和浮筒环连接的大型系浮筒专用卸扣,还有能拆卸锚链连接链环的锚链冲、锤子、锚链钩、撬棍等工具,还要准备 2 根钢丝缆和 2 个卸扣,并分别放在两舷导缆装置附近,其中一根先作临时单头缆稳定船舶的位置,等锚链系好浮筒后再做回头缆;另一根钢丝缆则做牵引索。备妥锚机和绞缆机。

（1）挂锚、备妥锚链

现代大型船舶多在船首设有锚链系浮筒的专用锚链孔。锚链的准备工作简单易操作:首先,使用在锚链筒附近的辅助制链器制牢前段锚链,即把锚固定在合适的位置;然后用锚机将第1节锚链绞出,直到第1节和第2节之间的连接链环平铺在甲板上;再在拆开第1节与第2节之间的锚链连接链环后,把第2节锚链头端从专用锚链孔引出,使锚链垂直悬挂在水面上适当位置。而没有专用锚链孔的船舶,应先用1根强度足够的钢丝缆将其琵琶头套在缆桩上,使其中部折成U形环状,穿过舷边的导缆装置使其处于锚卸扣附近。派1名水手坐单人坐板到舷外,船上相关人员此时从导缆装置再放出1根纤维绳引索,让水手把牵引索从锚卸扣中穿过并与2根钢丝缆U形环状处联结。之后船上水手开始缓慢地绞收牵引索,使2根钢丝缆通过锚卸扣和导缆装置被绞进船上,并套在缆桩上,然后改绞收钢丝缆的尾端,同时适当松放锚链,使锚悬挂在导缆装置的下方后,把钢丝缆尾端上桩挽牢,并用细绳打好系缆活结,锚就被悬挂妥当,如图3-22所示。锚悬挂妥当后,再用锚链筒附近的辅助制链器固定锚链,使锚链不能溜出。然后用锚机绞出锚链,并拆开第1节与第2节之间的锚链连接链环,然后把第2节锚链头端仍从锚链孔引出,使锚链垂直悬挂在水面上的适当位置。

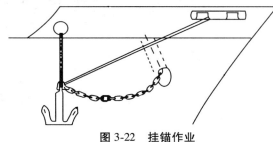

图3-22　挂锚作业

（2）系锚链操作

①当船首驶近浮筒时,将两根钢丝缆和卸扣从导缆装置松至水面附近。带缆艇先将与锚链同舷的钢丝缆引到浮筒上用卸扣系牢,绞收这根单头缆,使船首逐渐接近浮筒并稳定船位,以便系锚链,如图3-23所示。

图3-23　引缆与锚链的连接
1—临时单头缆;2—引缆

②带缆艇把与锚链异舷的钢丝缆牵引索牵引到浮筒,穿过浮筒环再引回锚链处并与锚链的第2个或第3个链环连接。

③船上开始绞收钢丝缆牵引索,同时松放锚链,使锚链接近浮筒环。

④带缆艇上的人员使用专用的大卸扣让锚链环和浮筒环连接牢固。

⑤船上绞收锚链使其受力后,带缆艇上的人员将牵引索从锚链上解掉,再与单头缆连接。

⑥松放单头缆,带缆人员把它从浮筒环上解掉。

⑦等带缆艇离开浮筒后即可松放锚链调整泊位,泊位合适后,松放临时单头缆改作回头缆。绞收牵引索,将回头缆绞进船内后,在缆桩上至少挽5道,并打好系缆活结。将回头缆的另一端松至不受力后上桩挽牢,并打好系缆活结,如图3-24所示。

船尾的带缆过程与缆绳系浮筒时相同。

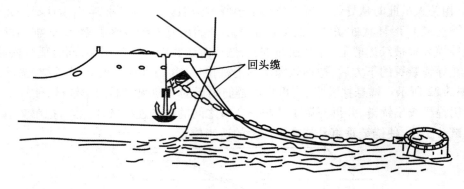

图 3-24 锚链系浮筒

（3）结束工作

船首系锚链、带缆及船尾带缆操作工作全部结束后,应使锚机和绞缆机械复位,收妥工具并入库,整理缆绳及作业场地等。

2. 解锚链离浮筒操作

作业前,备妥锚机、绞缆机械、锚链复位工具和1根带卸扣的钢丝缆作为牵引索。

（1）解锚链操作

①根据驾驶台下达解掉锚链的指令,先绞收回头缆使之受力,同时松出少许锚链使之稍微松弛。

②带缆艇将钢丝缆牵引索牵引至浮筒并穿过浮筒环后用卸扣与锚链的第2个或第3个链环连接,如图3-25所示。

③绞紧牵引索,当第1个锚链链环不受力时,带缆艇上的人员迅速解掉连接锚链和浮筒环的大型专用卸扣。

④松放牵引索,绞收锚链至船内甲板上;解掉牵引索并收回牵引索。

⑤将锚链连接复位,使不受力的锚链绞进锚链舱。

⑥待锚链受力后,解掉辅助锚链制动器。若锚被悬挂在导缆装置的下方,可慢慢松放悬挂锚的钢丝缆,直到其不受力时,收回钢丝缆即可。这时锚处于备用状态,如不再需要使用应把锚收妥。此后操作与缆绳系浮筒解回头缆的过程相同。

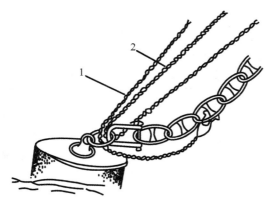

图 3-25　离浮筒时解脱锚链

1—引缆;2—回头缆

（2）结束工作

全部缆绳被解掉并绞收完毕后,应使锚机和绞缆机械复位,收妥工具并入库。整理缆绳和作业场地等。

四、系泊设备的检查与养护

系泊设备的检查与养护要点如表 3-1 所示。

表 3-1　系泊设备的检查与养护

序号	名称	养护周期	检查要点	养护要点
1	钢丝缆	3 个月	锈蚀和断丝情况,绳内油麻芯含油量	除锈上油,若钢丝缆的 10 倍直径的长度内发现断丝超过 5%,应换新或插接
2	植物纤维缆	3 个月	外表磨损情况	洗净晾干后收藏,股内发黑者不能用
3	合成纤维缆	3 个月	外表磨损情况(测量粗细)	洗净晾干后收藏
4	绞缆机械	3 个月	刹车是否可靠,离合器是否灵活,自动带缆绞车是否有效,卷筒损坏、磨损、腐蚀情况,操纵器的水密情况	失灵的换新或修理,活络处加油,自动装置失效的应及时修复
5	缆索卷车	6 个月	外壳、底角螺栓锈蚀情况,卷筒轴是否活络	除锈、油漆、加油润滑
6	导缆钳导向滚轮	6 个月	本体锈蚀、磨损情况,卷筒轴是否活络	除锈、油漆,做好磨损记录,加油润滑,如销轴弯曲应修理
7	系缆桩导向滚轮	6 个月	锈蚀、磨损情况	除锈、油漆,做好磨损记录
8	制缆装置	每航次	甲板眼环是否锈蚀、磨损,链(索)是否变形、腐蚀和磨损	除锈、油漆,磨损变形严重的换新
9	撇缆、碰垫、挡鼠板	每航次	是否齐全和损坏	丢失的应补充,损坏的应换新

五、系泊口令

系泊口令国际标准用语如表 3-2 所示。

表 3-2　系泊口令国际标准用语

标准用语		说明
单绑	single up	离码头时,头缆、前倒缆、后缆、后倒缆各留 1 根,其他缆解掉。离浮筒时,前后仅留回头缆,其他缆及链解掉
艉缆全部解掉	all let go aft	—
×缆解掉	let go × line	—
船尾全部清爽	all clear aft	离泊时,艉部缆全部收起,并无妨碍,可动车
带×缆	send out × line	—
×缆上车	put × line on winch（capstan, windlass）	将×缆带上绞缆机或锚机滚筒,准备绞缆
×缆上桩	put × line on bitt	—
停绞	stop heaving（or avast heaving）	—
×缆放松	slack × line	—
准备绞×缆	stand by to heave × line	—
×缆绞紧	take in the slack on × line	—
绞×缆	heave away × line	—
挽牢	make fast	—
放松一点	slack a little	—
向前（后）×米	shift（move） ahead（astern）× meter（s）	靠泊或以后绞缆,船移动位置时发此口令
刹住（拉住）	hold on	—
位置正好	in position	—
控制住×缆	check × line	—

舷梯、引航员软梯、工作软梯及安全网

一、舷梯

舷梯(见图 3-26)是船舶的必备设备之一。在船舶靠码头、锚泊、系浮筒期间,舷梯是供各种人员上下船舶的重要通道,具有安全、快捷、方便等特点。

图 3-26　舷梯

(一)舷梯的组成

舷梯的形状类似一般的楼梯,其主体部分由两块夹板和夹板间的数块梯阶(俗称踏板)组成。主体的两端分别装置平台,平台和主体以铰链连接,上平台的内侧以铰链和船舷连接。舷梯两侧和上下平台外缘都安装有高度约为 1 m 的可拆卸的金属支架或立柱(俗称栏杆)。柱与柱之间用绳索相连作为扶手。舷梯的下端一般安装 1 支滚轮,以便在地面滚动。干舷高度较大的船舶的舷梯由 2 节或 3 节接成,节与节相交处设有转角小平台。舷梯材料多为铝合金。舷梯通常设置在船中部或尾部的两舷。由于舷梯的上下平台与船舷间安装有活动的支座,所以舷梯不用时垂直固定在舷侧,使用时放下呈楼梯状态。

舷梯的收放或升降目前多使用电动机驱动并配有滑车组的舷梯吊柱。由于滑车组的钢丝缆与舷梯下端相连固定,所以当钢丝缆受力后就能支撑住整个舷梯。

(二)舷梯的降放

放舷梯时,先解脱其航行固定装置,然后逐渐松钢丝缆使之翻转 90°处于水平状态,检查无误后继续缓缓松钢丝缆至所需位置。安装全部舷梯支架或立柱和扶手绳之后再安装安全网,舷梯即可使用。

安全网应由天然或合成纤维绳制成。绳的直径不得小于 5 mm,网眼直径不得大于 200 mm×200 mm;加固绳直径不得小于 10 mm,两绳间的距离不得大于 3 m。安全网的尺寸对桥梯安全网应伸出左右侧不得小于 1.5 m。舷梯安全网应按海事部门和有关单位的要求设定。值班水手负责安全网的张挂和设置,并负责在开航前将安全网收妥保存好,水手长应经常对安全网的质量和可靠性进行检查。

（三）舷梯的回收

收舷梯时,其过程与放舷梯类似,但步骤相反。先收安全网再收起舷梯支架或立柱和扶手绳,然后将舷梯吊至水平状态。检查无误后,缓缓收绞,使舷梯翻转 90°贴靠船舷到位后,再将舷梯进行固定,收舷梯工作即告结束。

（四）使用舷梯的注意事项

（1）整个舷梯应保持清洁,各金属部分(如舷梯立柱、滑车组、平台等)应定期除锈和油漆维修保养,滑轮、钢丝缆、铰链等活动部件应经常加油润滑。

（2）防止超重、扭曲、碰击,舷梯上禁止放置沉重物品。

（3）立柱卸下后,应将立柱和扶手绳并拢在一起,并用索端把它捆好,然后存放在库房内。

（4）开航前或移泊前,试车时应先将舷梯绞起适当的高度,以防进、倒车时船舶移动损坏舷梯。

（5）应根据潮汐的变化和装卸货物的具体情况,及时调整舷梯的位置,以防舷梯被损坏或造成人员上下船不方便。

二、引航员登离船装置

引航员登离船装置是引航员登离船的重要通道,可分为引航员软梯(pilot ladder)(也称引航梯)、舷梯、组合梯(舷梯和引航员软梯的结合),如图 3-27 所示。引航员软梯是保证引航员安全登离船的重要装置之一。攀爬引航员软梯是引航员工作中非常重要的一部分。引航员在登离船的过程中,发生过不少事故,其主要原因是一些船舶在放置引航员登离船装置方面存在问题。因此,了解安放和固定引航员登离船装置的要求,熟练掌握安放引航员软梯和接送引航员的标准做法非常重要。

（一）一般要求

1. 干舷为 9 m 及以下的船舶所设置的引航员软梯的要求

（1）扶手立柱(handhold stanchions)直径至少 32 mm、高出舷墙 120 cm,两柱之间的距离为70~80 cm。

（2）根据引航员的需要,准备 2 根没有绳结和直径为 28~32 mm 的扶手绳(man ropes)。

（3）软梯边索(side ropes)直径至少为 18 mm,2 根边索的间距至少为 40 cm。

（4）软梯的所有踏板(steps)必须保持水平并稳固地紧靠船舷侧,两块踏板的间距为 31~35 cm。

（5）设置防止软梯扭转的横撑踏板(spreader),其长度至少为 1.8 m。

（6）最下方的 4 块踏板可用具有足够强度和刚度的橡胶制成,第 5 块必须是防止软梯扭转的横撑踏板。

（7）2 块防止软梯扭转的横撑踏板之间最多设 9 块踏板。

（8）软梯离海面高度由引航员决定。

（9）如果船舷侧有带状护舷材等可能会妨碍引航船艇安全靠近的结构,则应将其截短以保证至少沿船舷侧 6 m 内无障碍物;对长度小于 90 m 的特定用途的近海船舶或小于 90 m 的

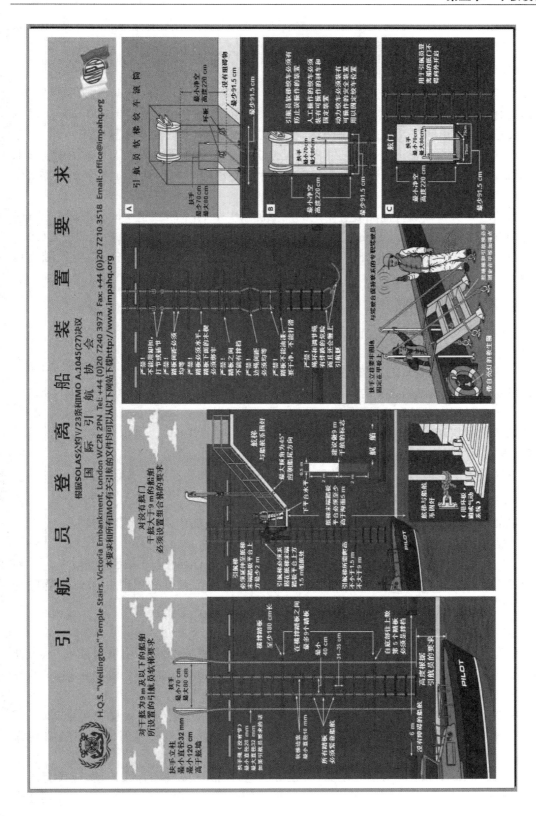

图3-27　IMO引航员登离船装置要求示意图

其他类似船舶,在其带状护舷材上留出 6 m 的空隙不切实际时,则无须符合这一要求,但应采取其他适当措施以确保引航员能安全登离船。

2. 没有舷门,干舷为 9 m 以上的船舶的要求

对没有舷门、干舷为 9 m 以上的船舶,必须设置组合梯(combination ladder),其要求如下:

(1)舷梯必须紧靠船舷侧并导向船尾设置,最大坡度不超过45°,宽至少 600 mm,下端的平台必须保持水平,离海面 5 m 以上,舷梯和平台两边均应装有坚固的立柱和栏杆。

(2)引航员软梯自舷梯下端平台还需向上延伸至少 2 m,其中平台以上 1.5 m 的引航员软梯必须紧靠船舷侧,引航员软梯和下端平台之间的水平距离应为 0.1~0.2 m,引航员所需要攀爬的软梯长度为 1.5~9 m。

(3)推荐在设置引航员登离船装置附近的船舷侧涂 1 个上白下红的"9 m 干舷标志(9 meters freeboard mark)",其宽为 50 cm、高为 4 m。标志的中间线代表 9 m 干舷高度的位置(如果没有看到标志的红色部分,表明干舷高度小于 9 m;看到标志的红色部分,表明干舷高度大于 9 m)。

3. 对组合梯中舷梯的要求

应使用环板或磁性、气动系统,将舷梯固定在船舷侧。

4. 对软梯的具体要求

(1)边索上不能有卸扣、绳结和接头。

(2)踏板必须水平,踏板之间应等距离,踏板下的楔子(chocks)必须紧紧扎牢边索。

(3)踏板应具有有效的防滑表面,不应油漆、弄脏或湿滑。

(4)防止软梯扭转的横撑踏板不能被绑在正常的 2 块踏板中间。

(5)2 根边索之间的距离必须保持相等。

(6)软梯最下端不应有各种圈、绳,如有就会存在把人绊倒和缠住引航艇的危险。

5. 对登离船出入口处的要求

(1)舷墙梯(bulwark ladder)紧紧固定在船舶甲板上,登离船出入口处无障碍物。

(2)2 根扶手立柱紧紧固定在船舶甲板上。

(3)备有 1 个自亮灯浮的救生圈(lifebuoy with self-igniting light)和 1 根撇缆绳。

(4)负责接送引航员的驾驶员携带无线电对讲机在登船入口处照料并保持与驾驶台联系。

6. 引航员软梯绞车卷筒的安装

(1)绞车卷筒的安装位置应确保往来于引航员软梯和登离船位置的引航员能安全、方便和无障碍地登离船。在系固引航员软梯时不应仅仅依赖引航员软梯绞车,而应将引航员软梯系固在引航员软梯绞车以外的结实的地方。

(2)两扶手立柱的间距为 70 ~80 cm、绞车滚筒下端应高出登船入口处甲板至少 220 cm、系固引航员软梯的环板离开舷侧至少 91.5 cm、登船入口处的宽度至少为 91.5 cm。在登船入口处内应无障碍物。

(3)所有引航员软梯绞车可以手动操作,也可以电力、液压或气动方式驱动;应设有防止因机械故障或人为失误而被误操作的装置;手动操作的引航员软梯绞车应设有刹车或其他合

适的装置控制引航员软梯下降,且一旦引航员软梯下降到位可将绞车锁定;以电力、液压或气动方式驱动的引航员软梯绞车应设有安全装置,该装置能切断绞车的动力源从而将绞车锁定等。

(4)用于引航员登离船的舷门不得向外开启,舷门的高度至少为 220 cm、宽度至少为91.5 cm,舷门中的两扶手立柱的间距应为 70~80 cm;设置的平台应从船舷侧向外延伸至少75 cm,平台的宽度至少为 75 cm,并设有栏杆进行可靠防护。

(二)安放和固定引航员登离船装置的要求

供引航员登离船使用的所有装置均应有效可靠,以达到使引航员安全登离船的目的。如果引航员目测船舶安放的引航员登离船装置不符合要求,大概率会要求船方重新安放,这样不仅仅浪费时间,也可能因滞航、掉头等带来安全隐患。如果引航员在登离船过程中发生伤残或死亡事故,那么给船方带来的各种损失将是巨大的。

(1)船舶配置的引航员软梯长度除了应考虑空载时的干舷高度外,还应考虑各种吃水差以及 15°的不利倾斜需要。

(2)引航员软梯应置于船体的平直部位内,如实际可行,置于船舶长度一半的船中处,以确保引航员软梯的所有踏板紧靠船舷侧。

(3)放置引航员软梯时应避开船上所有可能的排泄口。

(4)应为引航员提供安全、方便和无障碍的甲板通道,通道上方有障碍物时应进行警示,在引航员行走通道上要有足够的照明等。

(5)设在舷墙梯上的 2 根扶手立柱,必须在底部或靠在船舶结构处牢牢固定,扶手立柱或栏杆不应装设在舷墙梯上。

(6)舷墙梯必须牢固地固定在船体上,以防引航员登离船时发生倾覆。

(7)夜间应为引航员登离船装置和引航员通道提供足够的照明。

(三)安放软梯和接送引航员的标准做法

(1)引航员软梯安放时,应有值班驾驶员进行监督。当引航员软梯、扶手立柱、扶手绳、舷墙梯等都放置妥当后,应安排船员沿舷墙梯或舷梯,通过扶手立柱,下到软梯上试验一两次,以确认安全。

(2)引航员软梯系牢的位置,如没有办法远离排泄口,则应用挡板或帆布将该排泄口遮挡,或尽可能把软梯系牢在排泄口的上风处。

(3)在调整引航员软梯时,最好是从引航员软梯的上端收起或放下,且是从最下面的 1 块防止引航员软梯扭转的横撑踏板处或其上方的边索上系 1 根绳索来调整软梯,该绳索的另一端要牢牢地系固在大船舷墙上并应向前导引,该绳索不应妨碍引航员正常登离船和阻碍引航船艇的安全靠近或者离开。不得采用在引航员软梯的最下端系 1 根绳索,然后采取在船上送或收来调整软梯高度的错误做法。

(4)晚上,船舶的甲板上一般有灯光照明,但这些灯光照不到两舷侧,故需另外的灯光为引航员登离船装置提供照明,特别是在引航员软梯的部位,以指示引航船艇傍靠,并确保引航员上下船的安全。此灯可以是货舱灯、探照灯,也可以是强光手电等。此灯光应垂直船舷直照引航员软梯,或有一个合适的角度斜照引航员软梯,切不可用探照灯照射引航船艇的驾驶台。

(5)放置的引航员软梯高度应符合引航员的要求。为方便将引航员软梯放置到要求的高度,可沿引航员软梯自下而上每隔一定间距(如 1 m)做一个永久性的标记,通过船舶的平均吃水计算出干舷高度,从而得出应放引航员软梯的长度;或者先放引航员软梯接触海面,再拉起若干块踏板(如要求离海面 1 m 则拉起 3 块踏板;如要求离海面 2 m 则拉起 6 块踏板等)。

(6)引航员登离船时对航行船舶的速度是有要求的,一般可根据引航员的要求调整速度,此速度是对水速度,太快或者太慢都不利于引航船艇的靠离,一般以保持舵效的船速为妥。

(7)根据引航员的要求,将引航员软梯或组合梯放在下风舷侧并调整航向,以利引航员安全登离船;在引航员登离船时,应保持航向。

(8)在严寒季节,不应让引航员软梯结冰,否则容易令引航员失手或失足而酿成事故。一般是引航员软梯暂时不放下去,等引航船艇靠妥后再放下;或将已放置好引航员软梯的下面部分先拉起来,在引航船艇欲靠时再放下。

(9)准备 1 根绳索用于提起或送出引航员的物品或引航设备,当遇到大风浪、雨雪等恶劣天气时应该适当增加接送引航员的船员。

(四)引航员登离船的时机

引航员登离船时一定要掌握好时机,即当引航船艇在风浪中摇摆到最高的一点时,这个时机是登离船的最佳时机,因被引船比引航船艇大得多,故被引船的摇摆可不计入。换言之,引航员必须等到引航船艇处于波峰的时机,立即采取行动登船或离船,其他时机行动容易发生危险。引航员如有请船方吊提包、吊引航设备的习惯或者所携带的物品较重需要船方帮助,最好提前告诉船方,便于船方做好准备。请船方吊提包、吊引航设备,对保证引航员登离船时的安全是有帮助的。

(五)引航员软梯安全上下方法

上下引航员软梯时,引航员应双手分别握住两侧的边绳,双脚踏在相邻的两块踏板上,手和脚协调地交替攀登即可,注意保持身体平衡,以免引航员软梯摇摆不定。

(六)引航员软梯的回收与保管

(1)引航员软梯用完后,先收舷墙梯和两根金属支柱及安全绳等,然后收引航员软梯至船内。平铺后,从底端向上卷起,并绑扎好。检查其是否有损坏和不符合规范要求的地方,如有应及时修理。

(2)引航员软梯如沾有海水或污物应先用淡水清洗,晾干后存放在规定的地方。

(3)引航员软梯平时应注意检查保养,使用前仔细查看有无损坏,确认完好后方可使用。

保证引航员登离船时的安全是一项系统工程,涉及的行业、部门较多,对于踏板、防止引航员软梯扭转的横撑踏板、橡胶踏板、扶手绳、边索、扶手立柱等的材料有特殊的要求,对舷梯、舷墙梯、舷门等有特殊的行业标准,对甲板通道的防滑和照明等也有规定。前人对检查、保养、维修和贮藏引航员登离船装置总结了很多有益的经验,只有船方重视引航员登离船的安全,遵守相关的国际公约,保持海员的优良传统,才能保证引航员和引航船艇的安全,并促进引航安全。

三、工作软梯

工作软梯(见图 3-28)由梯绳和圆形梯棒等组成,具有安全、轻巧、方便的特点,适合船员进行舷外作业或上下驳船时使用。

（一）工作软梯的制作方法

工作软梯的制作如图 3-29 所示。

（1）取 1 根直径 24~28 mm 的白棕绳，长度取轻载最大干舷高度的 2 倍再加 2 m，将其对折，并在对折处使用油麻绳打扎绳结，扎成一个有嵌环的眼环。

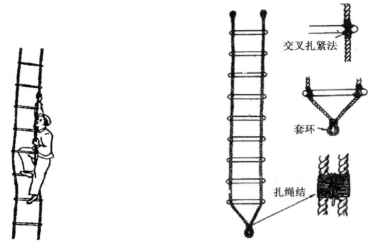

图 3-28　工作软梯　　　　　　　　图 3-29　工作软梯的制作

（2）用力拉绳使绳破劲平直后，从眼环顶端每隔 350~400 mm 做一标记，并将梯棒插入绳股之间。插法是梯棒的右端穿 1 股，左端则穿 2 股，穿第 2 根梯棒时则反之。如此交替进行，两边绳保持一致。

（3）梯棒穿好之后，用油麻绳交叉扎紧法，分别将梯棒两端与其边绳一并牢固紧密绑扎在一起。

（4）所有梯棒全部扎好后，两边绳各插接一个眼环，并使眼环顶端至梯棒的距离不大于一个梯挡的距离。

（二）工作软梯的上下方法

工作软梯的上下方法与引航员软梯的上下方法基本相同。对于悬空部位，双手握住工作软梯一侧的边绳（见图 3-28），一上一下，一脚里档一脚外档，手和脚的动作应保持协调一致，以免工作软梯摇摆。

（三）使用工作软梯的注意事项

（1）精力集中，防止手抓空或脚踏空。

（2）手只能握住边绳，不允许握踏板。

（3）脚应踏在踏板的中部，不允许跨越踏板。

（4）当接近着地点时，切忌匆忙跳离，以免受到伤害。

（5）攀登速度应适中，不宜过快或过慢。

第三节　撇缆

一、撇缆的用途

船舶靠码头中，与码头有相当距离时，要求尽快把系船缆带到码头缆桩上，利用系船缆把船舶绞进靠拢码头。由于系船缆都较粗重，不能直接送上码头，所以大多数情况下采用撇缆（heaving line）牵引将系船缆带到码头上。

二、撇缆的方法

撇缆由撇缆绳和撇缆头组成。船上采用的撇缆绳大多是直径为 6~7 mm 的编织化纤缆，长度为 40 m 左右，尾端有一眼环，前端系一撇缆头；撇缆头通常用硬橡胶制成，其重量为 0.35~0.40 kg。

常用的撇缆方式有：

1. 抛投式

抛投式又称船舶式，一般在 25 m 的距离内采用这种撇法，如图 3-30 所示。将撇缆绳的尾端眼环套在左手腕上，按顺时针方向由尾端开始把撇缆绳盘在左手上，盘至约一半后（大圈），用大拇指和食指将撇缆绳隔开，然后盘后半盘（小圈），后半盘绳圈直径应约为 30 cm。盘好后，左手持前半盘，右手握后半盘，让下垂的撇缆头距右手掌 50 cm 左右，并稍长于撇缆绳圈直径以防打结。

图 3-30　抛投式

撇缆时，人身体左侧对着目标，两脚左右开立且距离稍宽于肩，降低身体重心，然后摆动双臂，使撇缆头随之摆动起来，右脚掌发力蹬伸右腿，身体向左转到一定位置时挺胸，使用全身力量将撇缆投向目标，在右手将撇缆抛出时，左手应顺势将手中的撇缆同时送出。撇缆头抛出时的方向应与撇缆者工作水平基面成45°角。撇缆时，应防止身体用力过猛而摔倒。

2. 旋转式

旋转式是在抛投式的基础上，增加了身体的旋转动作（类似掷铁饼的动作），使撇缆头摆动速度加快，增加撇缆时的抛出速度，以撇出更远的距离。一般在距离较远时采用这种方法。

首先把撒缆绳以顺时针方向盘在左手上，然后在距离撒缆头约 1 m 处折一环状，用撒缆绳在环中部缠 2 周后，将其穿过左手盘好的撒缆绳圈，把环从两头拉出，调整好大小，这样把盘好的撒缆捆住，再用右手食指和中指勾住，尾端套在左手腕或右手腕上，如图 3-31 所示。

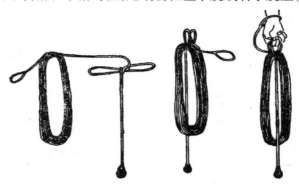

图 3-31　撒缆准备

在撒出之前，人的右侧对着目标，两脚左右分开且距离稍宽于肩，降低身体重心，然后摆动双臂，并使撒缆随之摆动。当撒缆摆动到身后时，开始右腿蹬伸，以左脚前脚掌为轴，身体形成以左侧为轴的单腿支撑逆时针旋转体位，然后右腿前跨，转身 180°，当身体向左侧转到约 220°时，将全身的力量集中在撒缆上，以最大的速度将撒缆投向目标（撒缆头抛出时的方向应与撒缆者工作水平基面成 45°），如图 3-32 所示。该方法应在船舶有一定空间的情况下使用，并应注意防止用力过猛而摔倒。

图 3-32　旋转式

3. 摆动式

摆动式又称码头式。在宽敞甲板上，当人站的位置距离舷墙或栏杆较远时多采用这种方法。

如图 3-33 所示，先将撒缆绳按顺时针方向盘在左手中，盘至一半长度后逐渐缩小绳圈，左手扣住撒缆绳圈，右手持于距撒缆头约 0.9 m 处。人身体左侧对着目标，两脚距离稍大于肩宽。以逆时针方向摆动右臂数次，将撇缆头垂直转动并加速。当右臂扬至最高点向下摆动时，身体向目标方向左转170°~180°，右脚也同时向目标方向跨一步，撇缆头随之从人体前摆过至身体左侧，当撇缆头摆到人体左侧达到摆幅最高点有下落趋势时，摆动右臂向右，用全身的力量，将撇缆头抛向目标，左手顺势将撇缆绳送出。

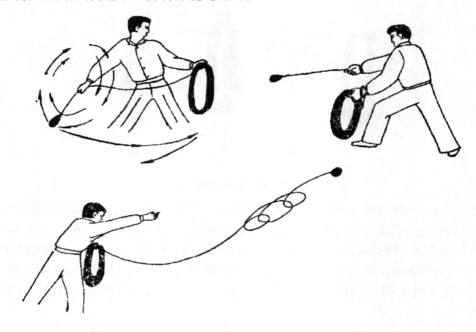

图 3-33　摆动式

4. 离心式

（1）水平离心式

将撇缆绳尾端套在左手腕上，盘成小圈，绳圈直径约为30 cm，全部绳圈由左手握住。右手在距撇缆头2 m左右处折一道并抓住。面对目标（或稍侧）两脚分开且距离与肩同宽，右手稍举过头顶，将撇缆头做顺时针旋转，使旋转轨迹的平面右倾10°左右，然后借腰部力量加快旋转速度，控制好方向，用力将撇缆头撇向目标，同时送出左手上的全部绳子。

（2）垂直离心式

站到船首最前端，面向目标。将撇缆绳尾端套在里档手腕上，并抓住盘好的全部小绳圈。外档手在距撇缆头3 m左右处折一道并抓住。双手垂出舷外，把撇缆头前后晃几下，然后在身体外侧做过头顶的360°旋转，旋转方向为从下至上，由前向后，借腰部力量加快旋转速度，控制好方向，用力将撇缆头撇向目标，同时送出里档手上的全部绳圈。该方法还可以先将撇缆绳与所带缆绳连接好，撇缆绳圈理清置于甲板适当处，用单手或双手控制旋转后撇向目标。

三、撇缆注意事项

（1）撇缆时，应使用劳动保护用品，如安全帽和手套等。

（2）撇缆时，应先向周围及码头上的人员示意，以防误伤。

（3）撇缆前，应检查撇缆头与撇缆绳的连接情况，确保连接紧固，以免撇缆时撇缆头飞出伤人。

（4）盘绳时,绳圈的大小应适宜,层次清晰,不应有扭曲或打结现象。撤缆头处于所盘绳圈之外,以减少打结情况发生。

（5）选择适合的撤缆方法,保持正确的姿势,保持好重心,动作连贯,避免失去重心摔倒受伤。

（6）一旦撤缆无效,应立即收回撤缆绳,待准备好后,再重新撤投。

（7）注意天气及环境因素对撤缆操作的影响。

（8）撤缆绳使用完毕后,应将其放回原位,以备下次取用方便。

思考题

1. 试述系泊设备的主要组成及作用。

2. 试述靠泊码头时,系缆的名称及作用。

3. 靠码头前,应做哪些准备工作?

4. 试述靠泊时,出缆、绞缆和上桩挽缆的基本要求。

5. 如何理解"单绑"?

6. 试述系、解拖缆的安全注意事项。

7. 试述锚链系浮筒的步骤和要求。

8. 试述系泊设备的检查与保养要点。

9. 试述常用的系泊口令。

10. 试述舷梯使用的安全注意事项。

11. 试述引航员软梯使用的注意事项。

12. 试述工作软梯使用的注意事项。

13. 试述撤缆的用途及常用的撤缆方法。

14. 试述抛投式撤缆方法的基本操作。

15. 试述撤缆操作的安全注意事项。

第四章

救生艇操作

第一节　机动救生艇操作

一、救生艇航行操纵

(一)操舵口令及操舵

1. 正舵

舵工操舵使舵叶面与艇首尾线在一条直线上。若为导管舵,则其轴心线与艇首尾线在一条直线上。

2. 右(左)舵一点

舵工扳动舵轮(或操舵手柄)使舵叶面或导管舵的轴心线与艇首尾线成向右(左)大约10°的夹角。

3. 右(左)舵

舵工操舵使舵叶面或导管舵的轴心线与艇首尾线成向右(左)大约20°的夹角。

4. 右(左)满舵

舵工操舵使舵叶面或导管舵的轴心线与艇首尾线成向右(左)大约30°的夹角。

5. 把定

舵工操舵使罗经基线对准所指定的航向或将艇首对准一个目标保持不变。

（二）操车（操作艇机）口令及操车

1. 进车

艇员将离合器手柄（或离合器操纵杆）向前推到进车位置。

2. 停车

艇员将离合器手柄（或离合器操纵杆）放置在中间停车位置。

3. 倒车

艇员将离合器手柄（或离合器操纵杆）向后拉到后退位置。

4. 稍加（减）油门

艇员将调速器增加（减少）2格，或者将操作手柄推至（拉到）微速前进（后退）的位置。

5. 加（减）油门

艇员将调速器增加（减少）4格，或者将操作手柄推至（拉到）中速前进（后退）的位置。

6. 加大油门

艇员将调速器增加6格，或者将操作手柄推至全速的位置。

7. 完车

将艇机的完车开关打开，机器运转全部停止。

船员应该熟练掌握救生艇的操车口令及其所表示的意思，平时注意加强训练，按要求进行航行、转向、变速等操作，以保障航行安全。

（三）艇用罗经及使用

《国际救生设备规则》规定："救生艇内要配备具有发光剂或夜间照明的操舵罗经1只。在全封闭救生艇中，该罗经应该固定在操舵位置，必要时给该罗经配备1个罗经柜和固定的支架装置。"救生艇用罗经如图4-1所示，该罗经的罗盘直径应该不小于50 mm。罗经盘度数的表示方法主要是圆周法，即000°～360°，这种表示方法简单易读，读数也比较精确。在使用罗经时，将罗经安放在操舵者面前，注意使罗经基线与艇首尾线保持平行。

图4-1　救生艇用罗经

（四）救生艇的靠离操纵

救生艇的靠离操纵是一项专业性较强的航海技能。虽然救生艇规格小，方便灵活，便于掌控，但操纵不熟练、失去控制也可能造成比较严重的后果。

1. 靠泊码头

在准备靠泊码头时,应该选择有足够空间的旋回水域,还应考虑泊位附近风、流对艇的影响等因素。靠泊时通常采用顶风、流靠,便于控制艇速,保持艇位和舵效。如果风的作用大于流的作用,则顶风靠。在进入泊位前,要先摆好艇与泊位的交角,正常情况下,采用的靠泊角为30°~40°,沿着这样的一个航向慢速前进,在艇位、艇速、靠泊角完全可控的情况下,操纵救生艇接近靠泊点。如果在靠泊时受风、流影响较大,应该适当调整靠泊角。当受吹开风影响时,靠泊角可以适当减少10°左右;当受吹拢风影响时,靠泊角可以适当增加10°左右,还应该特别注意避免艇与码头的碰撞。在接近泊位时,要控制好艇的余速。艇在一般速度下的冲程为艇长的3~4倍。当艇接近泊位时,应少用倒车,控制好艇速、艇位。在艇没有前进余速时,可利用艇上的钩篙或已带好的艇首缆绳,控制好艇与泊位之间的距离,防止艇与码头相撞。系缆时要注意潮汐的变化,留有足够长的缆绳,并要系牢、易解。有风浪影响时,还要在艇的内侧放下碰垫,保护艇的舷侧,防止损坏。靠泊码头如图4-2所示。

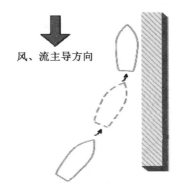

风、流主导方向

图4-2　靠泊码头

在有些情况下,需要进行艇首顶靠码头操作,如图4-3所示。进行该操作时,艇首与码头垂直,在适当距离时停车,利用艇的冲程接近码头,当艇与码头距离较近时,可以开出倒车,使艇完全停下来,以防和码头相撞。

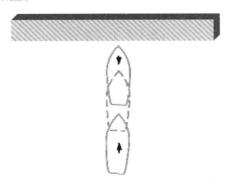

图4-3　艇首顶靠码头

2. 离开码头

多数情况下救生艇离泊时,艇首人员备好钩篙,解掉缆绳,用钩篙将艇撑开一段距离后,慢速进车,向外档方向转向,便可顺利离开码头泊位,如图 4-4 所示。但要注意,如果快速转向,可能会造成艇尾横移触碰码头,尤其是当艇受风或流的影响,被压向码头时,最好采取倒车离泊的方式,如图 4-5 所示。用外舷舵,慢速倒车,使艇平稳离开码头足够距离后,再进车离开。

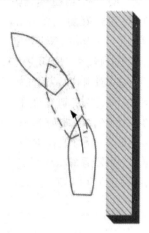

图 4-4　进车离泊

图 4-5　倒车离泊

在进行离泊操作时,不仅要注意风、流对离泊操作的影响,还要注意艇与他船或其他障碍物的间距,必要时,应在艇首安排 1 名瞭望人员,以协助操作。

3. 靠离航行中的船舶

救生艇靠航行中的船舶时,一般情况下被靠船舶应减速或停车淌航,救生艇应位于船舶的下风舷侧。艇员操纵救生艇与大船保持平行航行,以小舵角慢慢向大船贴靠,如图 4-6 所示。接近大船时及时带上艇首缆,使艇靠上大船。注意防止艇被压入大船船尾,特别是在大风浪中操纵救生艇靠上航行中的船舶是比较困难的,操作不当就有可能造成危险局面。因此,在操作时,必须根据当时的具体情况,正确地判断风浪和船舶航速对操作的影响,谨慎驾驶,掌握救生艇的动态,坚决杜绝艇被压入大船船尾的情况发生,并注意不能操艇横过大船船头或在驾驶台盲区内航行。

　　离航行中的船舶,在全部艇员归位、准备好后,舵工操外舷舵,利用艇首缆,借助船舶的拖力和本身舵力的作用,与船舶偏离一定距离,偏离角应该稍大一些;然后启动艇机,及时解脱艇首缆,操纵救生艇快速离开大船。

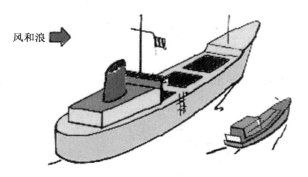

风和浪

图 4-6　靠航行中船舶

　　4. 靠离锚泊船的舷梯

　　在有风、流的水域,锚泊中船舶的船首通常是迎着风、流的。操纵救生艇从大船的船尾接近舷梯,也就是采取顶风、流靠泊的操作方法。摆好艇与船舶的交角,一般为 30°~40°,控制好艇速,及时停车,掌握好冲程,艇首人员及时地使用钩篙钩住舷梯,必要时带上缆绳,艇上人员及时地离艇、登船(或船上人员离船、登艇)。风浪大时,人员上下舷梯会比较危险,因为艇会随风浪上下晃动,艇与舷梯之间的高度变化比较大且不同步,此时,一定要保证人员的安全,注意艇与舷梯的距离,避免艇与舷梯的碰撞,防止艇被压入舷梯下,必要时应用车控制艇位。

　　离舷梯时,应该注意风、流的作用,用钩篙抵撑,使艇离开舷梯一段距离,进车、用外舷舵、及时解脱缆绳,离开停靠的船舶。风浪大或水流急时,应采取进车、从船中部附近离开,以避免救生艇被风、流压至船尾。

　　(五)救生艇的掉头操纵

　　在受限水域操艇掉头时,进行操满舵旋回可能会有些困难。这种情况下,可采用下列方法完成掉头操作,如图 4-7 所示。

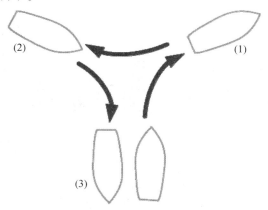

(2)　　　　　　　　　　(1)

(3)

图 4-7　救生艇在受限水域掉头操作

（1）操右满舵，慢速进车。

（2）操左满舵，慢速倒车。

（3）反复操作步骤（1）、（2），直至艇完成掉头操作。

二、救生艇抛放海锚操作

（一）海锚的作用

海锚是配备在救生艇筏中的一个专用设备，用于在海上求生待救时控制救生艇筏的位置，如图4-8所示。海锚的主要作用是：

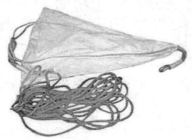

图4-8　救生艇筏上的海锚

（1）在大风浪中漂流待救时，抛出海锚，可控制救生艇筏处于顶风、顶浪的状态，防止救生艇筏打横，避免救生艇筏遭受正横来的风浪冲击而导致倾覆。

（2）在漂流待救时，抛出海锚，可减小救生艇筏随风、流漂移的速度，尽可能保持在难船附近的位置，以便于被搜救船舶、飞机发现而尽早获救。

（二）海锚的构造及要求

海锚一般由四部分构成，包括海锚本体、拖索、回收索、海锚索。

海锚本体一般为锥形或截锥形，海锚所用的材料应易于透水和耐腐蚀，一般为细纹帆布。海锚的拖索应耐腐蚀、强度大。其长度至少为 30 m，直径至少为 8 mm，破断强度至少为 10 kN。回收索的长度应大于拖索。海锚索可以防止海锚自身的摇摆与翻滚。海锚的结构如图4-9所示。海锚的尺寸要求如表4-1所示。

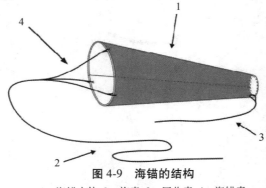

图4-9　海锚的结构

1—海锚本体；2—拖索；3—回收索；4—海锚索

表 4-1 海锚的尺寸要求

救生艇尺寸	海锚		最小海锚索长度/mm
	最小开口直径/mm	最小斜面长度/mm	
长度不大于 6 m	600	780	780
长度大于 6 m、不大于 9 m	700	920	920
长度大于 9 m	800	1 050	1 050

(三)海锚的抛放操作

在抛放海锚前,应先检查海锚本体、海锚索、拖索和回收索是否处于良好状态。将拖索系固在艇首缆桩上,或者系在艇首横座板上,操纵救生艇使艇首处于顶风、顶浪状态;当救生艇在风浪的作用下,向下风、流方向有了漂移的速度时,开始进行海锚的抛放操作,如图 4-10 所示。

(1)从救生艇艇首将海锚抛出艇外,海锚索在救生艇慢慢向后移动后逐渐吃力,应注意回收索不可以受力。

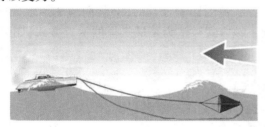

图 4-10 海锚抛放操作

(2)将拖索松放出去,救生艇在风浪作用下不断向后移动,大量海水从海锚大口进入,从小口挤出,海锚在海面上有规律地上下起伏,海锚抛放成功。

(3)将回收索系在艇首,使其保持松弛状态(不受力),注意缆绳与艇的接触部位磨损程度是否严重,必要时应在磨损部位进行包扎保护。

(4)海锚抛放操作完毕后,救生艇上值外勤的人员,要经常注意观察海锚是否处于正常状态,以避免海锚发生异常情况。

(5)回收海锚时,只能收拉回收索,拖索不能受力。

三、救生艇救助落水人员操作

救助水面遇险人员是海上救助作业中的首要任务。落水人员面临的危险情况复杂多变,学会如何争取时间快速、安全操纵救生艇救助落水人员是非常重要的。

(一)救助原则

当有多名人员落水时,要考虑优先救助哪一个。要求能正确评估当时的情况,做出决断。一般应遵循下列原则:

(1)优先救助伤病员。

(2)优先救助没有漂浮工具的人员。

（3）优先救助没有低温保护装备的人员。

（4）优先救助年龄大、身体状况差的人员。

此外还应及早向幸存者了解情况,确定是否还有其他人员在水中,或曾经看到过其他失散人员及其可能漂流的方向。除非确信已救起所有落水人员,否则不要离开救助现场。

（二）实施救助

实施救助前,所有艇员必须做好救助落水人员的准备。艇长应提前考虑当落水人员面临最困难局面(如休克、无意识、受伤等)时应采取的措施及做相关准备。救助过程中,应指定专人瞭望,设法始终保持水中人员在视线范围内。切记,行动的速度是至关重要的。因此,平时应多做救助落水人员的训练。

1. 接近落水人员

救助时,艇长必须选择一种适合当时情况的接近方式。一般有两种接近方式:下风接近和上风接近。

（1）下风接近

下风接近是指操纵救生艇使艇首顶着风、流合力方向接近落水人员的接近方式。采用这种方式更容易操纵救生艇,并且当艇停住受风、流的影响漂移时,会漂向远离落水人员的下风方向,不会伤害到落水者。因此,通常情况下该方式被认为是最安全的接近方式,如图4-11所示。其具体操作方法如下:

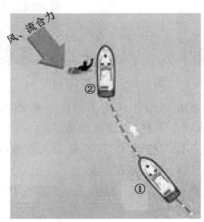

图4-11　下风接近

①操作救生艇顶着风、流从落水人员下风方向驶近落水人员。

②艇首接近落水人员前,救生艇应及时停车,凭借惯性,慢慢向落水人员靠近。

③到达落水人员前,转舵使救助舷处于落水人员下风侧,并把艇停住。

注意,在接近过程中,必须控制好艇速,决不可使艇漂移压向落水人员。另外,要始终确保推进器远离落水人员,以免造成推进器与落水人员触碰。如果落水人员位于艇的右舷方向,应该立即施以右满舵。在这种情况下,绝对禁止操左舵。如果落水人员漂于艇尾,决不可操艇后退。当一次接近不成功时,最好的做法是越过落水人员,再重新进行接近操作。

（2）上风接近

上风接近是指操纵救生艇使艇顺着风、流的合力方向接近落水人员的接近方式。采用这种接近方式时,救生艇的操作比较困难。当落水人员所在水域空间受限,无法实现下风接近时,只能采用上风接近的方式,如图4-12所示。其具体操作方法如下:

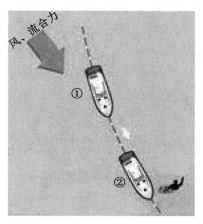

图4-12　上风接近

①操作救生艇顺着风、流从落水人员上风方向驶近落水人员。

②在艇首接近落水人员前,救生艇应及时停车,使艇顺着风、流合力方向飘向落水人员。

如果直接接近困难,并且艇上配有救生吊索(life sling),如图4-13所示,也可以利用救生吊索进行间接接近。其具体方法如下:

①在艇尾安装救生吊索。

②拖着救生吊索慢慢地绕着落水人员旋回,直到救生吊索运动到落水人员能抓住的地方。

③把艇停住,把落水人员拉近救起。

图4-13　救生吊索

2.救起落水人员

接近落水人员后,应快速对落水人员进行救助。目前有间接救助和直接救助两类救助方法。直接救助是在救助人员和落水人员之间建立直接接触;而间接救助是指借助各种设备实施救助。直接救助常常对救助人员构成一定危险,因此,应首先选择间接救助。当所有间接救助方式都失败后,方可采取直接救助方式。

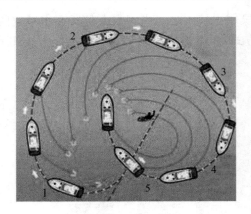

图 4-14　救生吊索旋回接近

（1）间接救助

采用间接救助方式时，应先向落水人员抛出救生浮环，如图 4-15 所示。落水人员套好救生浮环后，救助人员收紧救生索将落水人员拉到救生艇旁边，然后将其拉出水面救起。或使用艇内所配备的钩篙先将落水人员钩住（但要避免钩篙对落水人员造成伤害），然后把落水人员拉到艇旁救起，使其进入艇内，如图 4-16 所示。

图 4-15　救生浮环

图 4-16　用钩篙救助落水人员

需要注意的是，把落水人员拉到艇旁不等于救助成功，落水人员有无意识、是否受伤、在水中漂浮的角度、艇的干舷高低等状况都会对救助产生影响。应根据落水人员的情况和艇本身的特点决定救助的方式方法。

将落水人员救上救生艇筏，可采用如下方法：

①使用登艇梯救助

救生艇上配备有用于水中人员登艇的登艇梯,如图4-17所示。该梯子的最下一级踏板应在救生艇最轻载水线以下不小于0.4 m处。当落水人员具有行动能力时,采用这种方式救起落水人员是比较容易的,如图4-18所示。然而,实际上更常见的情况是,落水人员已精疲力尽,无力靠自己登上救生艇,需要救援人员的帮助才能登上救生艇。

图4-17 救生艇登艇梯

图4-18 利用登艇梯登艇

②利用绳索救助

若艇上没有专用的救助设备,可以利用绳索救助落水人员。先由1位艇员抓住落水人员,然后将1根短绳放于落水人员的腋下;两位艇员尽量在靠近落水人员胸部的位置用双手握住绳子并保持一条腿的膝盖顶在护栏或舷墙上;当2位艇员数到"3"时,同时向上拉起落水人员,直至其臀部越过艇缘后,由1位艇员把扶落水人员的头部,继续完成提拉动作,如图4-19(a)所示。也可以把1根较长的绳索两端固定在艇的首尾,并使绳索中部下垂入水;2位艇员分别抓住落水人员的两只胳膊并协助落水人员踩住绳索;当2位艇员数到"3"时,同时向上拉起落水人员,直至落水人员进入艇内,如图4-19(b)所示。

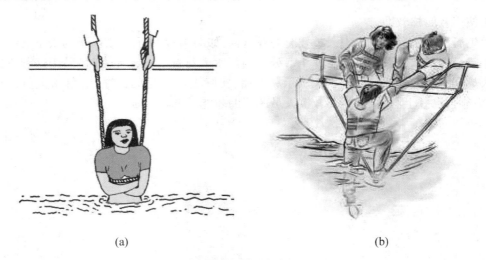

(a)　　　　　　　　　　　　　　　　　　(b)

图 4-19　利用绳索救起落水人员

③直接救起落水人员

如果救生艇的干舷较低,并且艇员的力气较大,在无救助设备时,2 位救助人员可分别抓住落水人员的手腕和腋下,同时用力将落水人员垂直拉出水并移进艇内,如图 4-20 所示。

图 4-20　直接救起落水人员

（2）直接救助

救助人员一般不宜徒手下水救人,但在落水人员无意识或受伤的情况下,如果当时条件允许,也可采用直接下水救助的方式。救助人员必须穿着救生衣并系好安全绳。当救助人员接触到落水人员时,尽量不要让落水人员正面搂抱自己,救助时应从落水人员背后接近,并扶住落水人员的下巴,使落水人员呈仰面姿态,让落水人员的头靠近自己的头,然后由艇上人员利用安全绳把 2 人都拉到艇边,再将落水人员救入艇内,如图 4-21 所示。

（3）救起落水人员的注意事项

①救助落水人员的动作应准确、柔和,动作粗野可能会导致严重受低温影响的人员心脏衰竭。

②随时扶住落水人员的头部。

③与落水人员交谈,使他(她)能听见救助人员的声音。

④让落水人员处于救生艇的上风舷,这样有利于将其提拉到艇内。

⑤落水人员登艇以后,应将其尽量安置在不受外界影响、比较舒适的地方。

图 4-21 入水救助落水人员

⑥及时给予急救。

需要指出的是,上述方法仅是对救助落水人员的一般指导,实际救助落水人员时,情况可能是多变的,故需根据当时的实际情况,采取正确的应对措施。

<h2>第二节 划桨</h2>

划桨是推动救生艇前进的动力方式之一。它不像驶帆那样借助风力,也不像机动救生艇那样依靠机器的推力,而是靠艇员划桨所产生的动力推艇前进。对于船员来说,划桨不仅能磨炼意志品质,增强克服困难、战胜困难的决心和信心,而且能培养团结合作、齐心协力、勇于奉献、同舟共济的团队精神,并在船舶发生某些紧急情况下发挥作用,增强应变能力,提升船员的职业素养。

<h3>一、艇员座位分配</h3>

艇员座位的顺序编号一般是从艇尾数起,单数在右舷,双数在左舷,如图 4-22 所示。以 8 桨艇为例,1、2 号桨手为领桨,7、8 号桨手为头桨,其他都称中桨。

图 4-22 艇员座位编号

艇员座位的分配是根据艇员的体力和划桨技术要求来确定的。一般安排体力强、划桨技术好的艇员担任领桨(1、2号桨手)，划桨技术较好且动作灵活的艇员担任头桨(7、8号桨手)，体力较好的艇员担任中桨(3、4、5、6号桨手)。划桨时，全体桨手都应向领桨看齐。2名领桨则应动作协调，配合默契，从而保证全艇划桨动作的频率和幅度一致，以获得较快的艇速。

二、艇员登离艇次序

1. 艇员登艇次序

制定艇员登艇次序主要是为了防止登艇混乱，保证艇员在登艇过程中一次走到底，不应再调转，更不能出现艇员在登艇过程中发生相互碰撞的情况。为此，艇长在召集艇员列队时，应有意识地将艇员队伍的编号顺序与艇的座位编号顺序列成相反的，如图4-23所示，这样便可使艇员队伍左右隔开，并同时从艇首、尾两处逆向登艇，从而保证艇的平衡。左舷桨手按艇员编号的反顺序从艇尾登艇，右舷桨手按艇员编号的顺序从艇首登艇，艇长(即舵手)最后登艇并装好舵柄和国旗。

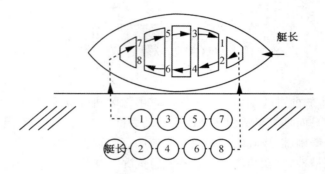

图 4-23　艇员登艇次序

2. 艇员离艇次序

艇员离艇次序同登艇次序恰好相反，即原先第1个登艇的艇员最后离艇，而原先最后登艇的艇员第1个离艇。

3. 登离艇口令

(1)立正。

(2)报数。

(3)登艇(离艇)。

三、艇员登离艇注意事项

(1)艇员登离艇时，脚应跨过座板，不可踩踏座板、桨、艇篙和艇缘，严禁登离艇时蹦跳、打闹。

(2)艇员面向艇尾就座，坐好后不可将手或肘腕搁在艇缘上或伸出舷外，切忌坐在艇缘上。

(3)保持肃静，随时注意艇长的口令。

四、划桨属具及其放置

1. 划桨属具

划桨属具包括桨、艇篙和桨叉等。

（1）桨

桨由桨柄、桨杆和桨叶三部分组成,如图4-24所示。划桨时,手握住桨柄,把桨杆部分放入桨叉,靠桨叶在水中划动产生动力使艇运动。桨叶的一面为平面,另一面为菱形,其作用是加强桨叶强度和控制桨叶划水方向。划水时菱形的一面朝艇首方向,但也有桨叶两面均为平面或菱形的。

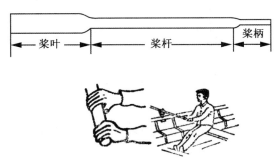

图4-24　桨的构造

按桨柄形状的不同,桨可分为角柄桨和圆柄桨。

①角柄桨:一般用木材制成,可浮于水面。桨柄粗重且为六角形,这样的桨柄既可与扁平的桨叶一起起到平衡作用,又可防止桨柄滑出桨叉,使回桨时较省力。

②圆柄桨:一般用木材制成,可浮于水面。桨柄与桨杆同样粗细,使用圆柄桨时,桨叶出水后会显得外重内轻,要适当用力压桨柄才能保持平衡,此类桨的桨杆易滑出桨叉。由于该种桨制作方便,故也使用较多。

（2）艇篙

艇篙是用硬木或其他材料制成的圆形长杆,长2.5~3 m,中部直径约50 mm,一端装有钢质镀锌的弯钩,用于支撑和勾拉。

（3）桨叉

桨叉是用铜或镀锌钢材制成的叉架,用于承受桨的重量和在划桨时作为施力的支点。

2. 划桨属具的放置

（1）桨

每舷桨(包括备用桨和舵桨)都用小绳系扎缚于舷边。舵桨桨叶朝艇尾,其他桨的桨叶均朝艇首。

（2）艇篙

艇篙应置在艇的两舷,篙尖朝艇首。

（3）桨叉

每只桨叉用短链系于叉座旁。

五、划桨口令与动作

（一）划桨前的口令与动作要领

1. 就位

艇员登艇后对号入座,面向艇尾方向并向领桨看齐,上身保持端正,两手放在膝盖上,两腿自然弯曲,两脚踏在艇底板上。

2. 报数

桨手按照自己坐的位置顺序依次报数。

3. 解缆

靠泊另一舷的头桨和领桨分别解去艇首和艇尾缆绳。

4. 撑开

靠泊一舷的头桨迅速用艇篙将艇首撑离码头一定距离以便划桨。

5. 收碰垫

碰垫附近的桨手用外舷手将碰垫收进舷内,但不要放在桨上,以免妨碍出桨。

6. 上桨叉

各桨手用外舷手将桨叉插入桨叉孔内并转正。

（二）划桨的基本口令与动作

1. 预备桨

从领桨开始,两舷桨手按座位编号顺序依次拿桨。各桨手上身半面转向舷外,外舷手肘部抬起桨杆上托,内舷手握住桨柄下压(两手的下压和上托动作应同时进行),把桨放在位于自己一侧桨叉后方(以桨手的视点为基准)的艇缘上,同时用外舷手帮助后面桨手拿桨,迅速出桨。桨与艇首尾线的夹角为45°,桨叶朝向艇首且与水面平行。

2. 放桨

各桨手托起桨,将桨杆部分放入桨叉中。随即身体转正,外舷手改握桨柄,手心朝下,双手压住桨杆,并使桨叶与水面平行。两脚自然放在艇底板上,向领桨看齐。

3. 桨向前

各桨手上身尽量前倾,臀部坐于座板的前1/3处,两脚蹬在脚蹬板上,两手将桨柄推向艇尾方向,使桨叶移向艇首方向,两臂须推直。在推桨过程中同时转桨,使桨叶与水面成45°~60°前倾夹角(以桨手的视点为基准),桨叶距水面高度约20 cm,有浪时应适当提高,如图4-25所示。

4. 一齐划

一齐划又称一齐荡。初学时可将该动作分解成划桨和回桨两个动作进行练习。

（1）划桨

各桨手先做桨向前状,然后将桨叶的3/4部分插入水中,入水后使桨叶与水面垂直,上身后仰,两臂伸直,用力往后扳桨,一直扳到上身与腿部接近平直。当桨叶快要出水时,双臂用力

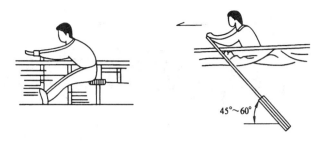

图 4-25　桨向前

往胸前扳拢,使上身借助水对桨叶的反弹力逐渐直起,如图 4-26 所示,此时桨叶应与水面成约 45°后倾夹角出水。

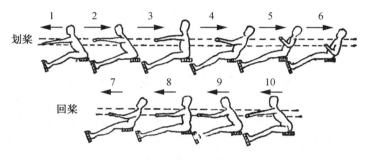

图 4-26　一齐划的分解动作

(2)回桨

这是一齐划的第二个分解动作。桨手收腹直起,继之上身前倾,同时双手将桨柄推向艇尾方向,推桨时同时转桨,桨叶与水面应成 60°前倾夹角,桨叶距水面高度约 20 cm。

上述两个分解动作熟练后便可进行连续动作的练习。若要获得较高的艇速,以适应船舶遇险时快速离开难船的需要,全体艇员划桨时不仅要动作准确,而且须整齐协调,一般每分钟划 26 桨以上,每桨划水弧距不少于 1.5 m。

5. 一齐退

一齐退是使艇向后退的划桨动作,也可分解为划桨和回桨两个动作进行练习。

(1)划桨

各桨手先将外舷脚退出脚蹬板,改踏艇底板,如图 4-27 所示。上身稍后仰,两臂弯曲把桨柄拉靠在胸前,桨叶与水面约成 60°后倾夹角。然后桨手稍抬桨柄,使桨叶的 1/2 部分插入水中,入水后桨叶与水面垂直,外舷腿用力支撑,用力推桨柄向艇尾方向,上身随之直起,至双臂推直后,压桨柄使桨叶与水面约成 45°前倾夹角出水。

(2)回桨

各桨手挺胸直起,继之双臂弯曲,上身稍后仰,并同时转桨与水面成 60°后倾夹角,桨叶距水面约 20 cm。

上述两个分解动作熟练后便可进行连续动作的练习。

6. 左进右退(或右进左退)

为了使艇迅速转向,可采取左进右退(或右进左退)的划桨动作。左(或右)舷桨手采用一

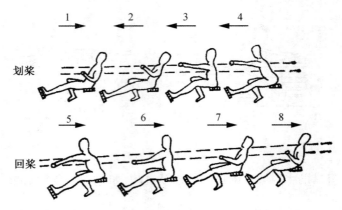

图 4-27 "一齐退"的分解动作

齐划动作,右(或左)舷桨手采用一齐退动作,使艇迅速向右(或左)转向。

7. 桨挡水

桨挡水的作用是减慢艇速。如靠泊时发现艇的余速过大或需紧急停船避让时,都可采用这一动作,如图 4-28 所示。闻令后各桨手立即停划,并将桨叶移至正横位置稍前方(以桨手的视点为基准),同时,各桨手外舷脚退出脚蹬板,改踏艇底板(两脚用力支撑),上身稍前倾,两臂弯曲,两肘夹紧,外舷手前臂配合抵住桨柄,胸部顶住外舷手前臂,并转桨叶与水面成45°后倾夹角,桨叶的1/3入水。当艇速稍有减慢后,各桨手逐渐增大桨叶与水面的夹角和桨叶的入水深度(桨叶入水角度与深度的增大速度以桨手上体不感到后仰为限),最后转桨叶与水面成90°角,桨叶的2/3入水,以便迅速减慢艇速。

图 4-28 桨挡水

8. 立桨

当艇欲通过狭水道或划艇到达终点或表示敬礼且艇上方无障碍物影响立桨行动时,可采用这一动作,如图 4-29 所示。各桨手听到立桨口令后,两脚立即退出脚蹬板,改踏艇底板,桨叶出水,内舷手快速向下压桨柄,借助桨叶向上冲的力量,外舷手立即扶起桨杆,使桨直立在两脚之间的艇底板上。桨叶与艇首尾线平行,并向领桨看齐。桨手的内舷手与腰同高握住桨杆,外舷手与肩同高握住桨杆。眼睛平视艇尾方向或注视致敬目标。

9. 顺桨

当艇欲通过狭窄水道,且艇上方也有障碍物时,可采用该动作。各桨手听到顺桨的口令后即刻一桨划到底,乘上体后仰之势,外舷手抓住桨柄,拉向胸前由内向外推靠于艇的舷缘,上体

图 4-29 立桨

坐起并转向艇舷,内舷手扶住艇体,外舷手握住桨柄使桨叶与水面垂直并紧靠艇舷,同时眼睛注视桨叶,如图 4-30 所示。

图 4-30 顺桨

10. 平桨

当需转换划桨动作(如从顺桨转换到一齐划)或为了短暂休息可采用该动作,这是一个过渡性的动作。听到平桨口令后,各桨手立即停止原来的动作,把桨放平。上体保持正坐姿势,两手握住桨柄末端,使桨杆与艇首尾线垂直,桨叶与水面平行,眼睛平视艇尾方向,如图 4-31 所示。

图 4-31 平桨

11. 压桨

各桨手听到压桨口令后,将桨柄稍拉进舷内,然后用内舷腿压住桨柄,借此动作可使上体稍事休息。

12. 叉桨

各桨手听到叉桨口令后,将桨拉进舷内并将桨柄放在对舷的座板边上,且抵紧艇内舷,桨叶转平,使两舷桨呈交叉状,单数桨在前,双数桨在后。采用该动作可使全身得到休息。

13. 收桨

桨手用外舷手肘部托起桨杆,同时内舷手压桨柄,将桨托出桨叉,然后身体向舷外方向侧转,从头桨开始依次把桨收放在边座板上。

14. 收桨叉

各桨手将桨叉拔出叉座并放在边座板上。

15. 放碰垫

靠泊一舷的桨手将碰垫放出舷外。

16. 带缆

当艇靠上码头或船舷时,靠泊另一舷的头桨立即抛出艇缆或自己登上舷梯(码头)带缆。

六、划桨注意事项

(1)划桨过程中全体桨手应全神贯注和保持肃静,充分利用全身的力量。若仅用臂力和腕力则容易疲劳,不能持久。

(2)划桨时看齐领桨,整齐划一,以免发生蹩桨。蹩桨会影响艇速,也可能导致断桨或桨手受伤。如果一舷发生蹩桨,该蹩桨桨手应立即将桨杆托出桨叉进行调整,同时艇长迅速操舵使艇首转向蹩桨一侧,使蹩桨易于出水。如果两舷同时发生蹩桨,艇长应下令"桨挡水",减慢艇速,使两舷蹩桨都易于出水。

(3)划桨时桨手上体前俯、后仰的幅度要大,同时,桨手在将桨推到位或拉到位时上体可略微偏向舷边,以求得较大的划水弧距。

(4)划桨过程中,两舷桨柄的间距不得少于 10 cm,以防两舷桨手相互碰伤。

(5)桨手的手掌尽量不要弄湿,以免摩擦起泡。

七、舵及两舷桨的作用

1. 舵的作用

舵的作用是保持或改变艇的航向。舵效的好坏通常与下述因素有关:

(1)艇速

艇速快,舵效好;艇速慢,舵效差;艇速为零,舵效为零。

(2)舵角

舵与艇首尾线成一角度时,艇首向用舵一舷偏转。舵角大,偏转快;舵角小,偏转慢。最大有效舵角约为 40°。舵角超过 40°时,舵面阻力增大,艇速减慢,因此舵效反而下降。

(3)舵叶浸水面积

舵叶浸水面积大则舵效好,反之则舵效差。故在一般情况下应使艇尾吃水稍大于艇首吃水,这样可以增进舵效。在用舵后,艇会产生如下动态:一是改向;二是侧移,即艇首除会向用舵一舷偏转外,还会向用舵相反一舷横移,这点在狭水道航行中应予以注意;三是降速,这点在靠离操作中很有用。如遇靠泊时余速太大,舵手除采用其他措施外,还可用操来回舵的方法来减慢艇速,以利靠泊。

2. 两舷桨的作用

划桨既可使艇前进或后退,也可使艇首产生偏转。当两舷桨用力不等或用力方向相反时,便会使艇首产生较显著的偏转。例如,一舷进桨,艇在前进的同时,艇首向停桨一舷偏转;一舷退桨,艇在后退的同时,艇首向退桨一舷偏转;一舷桨挡水,艇速减慢,同时艇向挡水一舷偏转。如果左进右退或右进左退,艇首偏转速度加快,同时艇稍有进速。众多桨所产生的偏转力矩比单用艇舵所产生的偏转力矩要大得多。如果同时用桨和舵配合使艇转向,那么效果会更佳。当靠离操作、紧急避让、迅速掉头或克服横浪时,通常都利用两舷桨和艇舵的综合偏转力矩来达到操纵目的。

八、风、流对艇的影响

1. 风浪对艇的影响

风会影响艇速,还会使艇向下风漂移,还可能导致艇首偏转。顶风航行,艇速减慢;顺风航行,艇速加快;偏顶风航行,艇速减慢且艇向下风横移,艇首一般向下风偏转;偏顺风航行,艇速加快且艇向下风横移,艇尾一般向下风偏转。

艇在波浪中顶浪航行会产生纵摇,横浪航行产生横摇,斜浪航行则产生纵横混合摇摆。

风浪较大时,对艇的操纵会造成一定的困难,桨和舵都不能发挥应有的作用。此时,一般应保持艇与风浪约成30°夹角航行,以避免艇陷于横浪之中而发生危险,为此应利用舵桨来保持航向。遇较大风浪时可采用撒镇浪油的方法,以减少海浪对救生艇的冲击。

2. 水流对艇的影响

水流对艇会产生流压。在有流无风水域行驶时,艇运动的速度和方向是流速和艇速的合速度。顶流航行,艇速减慢;顺流航行,艇速加快。横流航行时,艇速虽受水流影响较小,但艇向下流方向横移较大;斜流航行时,水流既会影响艇速,又会使艇产生横移。

在实际航行中,应预先估计当时的环境情况,推算出水流的影响并充分利用流速和流向,然后确定出适当的航向。

思考题

1. 试述艇用罗经的使用注意事项。
2. 试述救生艇靠离码头的方法及注意事项。
3. 试述救生艇靠离航行中船舶的方法及注意事项。
4. 试述救生艇靠离锚泊中船舶舷梯的方法及注意事项。
5. 海锚的作用有哪些?
6. 试述投放海锚的方法。
7. 试述使用救生艇救助落水人员的方法及注意事项。
8. 划桨的基本口令和动作有哪些?
9. 简述对划桨操作基本口令动作的理解。
10. 试述登离艇的注意事项。

11. 试述划桨的注意事项。
12. 试述舵及两舷桨的作用。
13. 试述风、流对操艇的影响。

参考文献

［1］于俊鹏,陈水生,杨志龙. 船艺训练. 北京:人民交通出版社,1992.

［2］王泉. 水手工艺. 大连:大连海事大学出版社,2001.

［3］宫玉广,王新. 水手工艺. 大连:大连海事大学出版社,2007.

［4］中国海事服务中心. 值班水手业务. 北京:人民交通出版社,大连:大连海事大学出版社,2012.

［5］中国海事服务中心. 高级值班水手业务. 北京:人民交通出版社,大连:大连海事大学出版社,2012.

［6］杜林海,刘月鹏,王千,等. 值班水手业务. 大连:大连海事大学出版社,2023.

［7］尹桂强,王学法,张卫前. 值班水手业务. 大连:大连海事大学出版社,2018.

［8］王忠,代其兵. 船舶结构与设备. 大连:大连海事大学出版社,2019.

［9］宋玉苏,李红霞,李瑜. 船舶涂料与涂装技术. 北京:科学出版社,2021.